北京清华附中挂职研修

带领团队成员参加市级培训

和平区第七届对外交流论坛发言

主持和平区课程建设现场会

和平区教育领军人才基地展示活动

和平区第二届对外交流活动展示课

04 让数学的生命绽放

构建师生共生共长的课堂

和平区优秀人才研修班典型发言

参加优秀高中数学教师国培计划

参加和平区教育领军人才精英团队暑期研修班

和平区教育领军人才基地展示课

团队成员参加市级研究课

团队课题组成员

赴上海挂职锻炼

天津市中小学未来教育家奠基工程三期学员结业答辩会

担任云南交流教师指导教师

主持学校教学年会

让数学的生命绽放

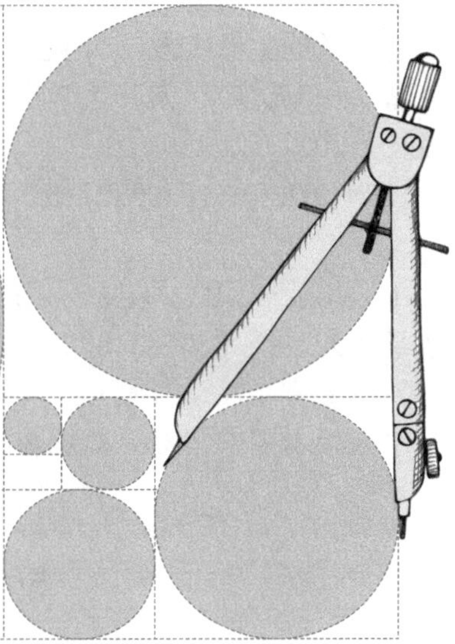

——构建师生共生共长的课堂

吴春燕◎著

南開大學出版社　天津社会科学院出版社

图书在版编目（CIP）数据

让数学的生命绽放 ：构建师生共生共长的课堂 / 吴春燕著. -- 天津 ：南开大学出版社 ：天津社会科学院出版社，2022.12

ISBN 978-7-310-06321-5

Ⅰ. ①让… Ⅱ. ①吴… Ⅲ. ①中学数学课—课堂教学—教学研究 Ⅳ. ①G633.602

中国版本图书馆 CIP 数据核字(2022)第 202321 号

让数学的生命绽放：构建师生共生共长的课堂
RANG SHUXUE DE SHENGMING ZHANFANG
GOUJIAN SHISHENG GONGSHENG GONGZHANG DE KETANG

南开大学出版社
天津社会科学院出版社 出版发行

出版人：陈　敬
地址：天津市南开区卫津路94号　邮政编码：300071
营销部电话：(022) 23508339　营销部传真：(022) 23508542
https：//nkup.nankai.edu.cn

北京建宏印刷有限公司印刷　全国各地新华书店经销
2022年12月第1版　2022年12月第1次印刷
787毫米×1092毫米　16开本　13.5印张　170千字
定价：78.00元

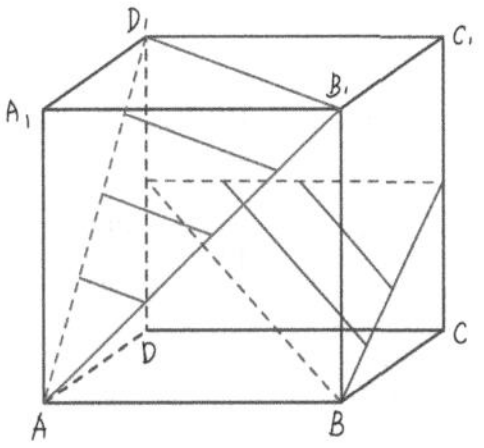

前 言

数学素养是中学生应该具备的重要素养之一。基础教育高中阶段的数学教学要求学生在数学学习中培养好数学抽象、逻辑推理、数学建模、数学运算、直观想象、数据分析六大核心素养。数学教育是开发智力、启迪心智、改善思维方式、培养学生创造性思维能力的最佳途径之一，数学教育是培养创新人才的锐利武器。科普专家高士其曾经说过，“育人之道莫大过给学生一个科学的头脑”。科学的思维方式、方法是青少年头脑科学化、终身受益的财富。要实现这一理想，教师素质是关键，课堂教学是基础，创设育人为本的课堂是核心。

数学教学是科学，也是艺术。科学的真谛在于求真，在探索数学教学的长路上，数学教学是一个系统工程，其灵魂是构建师生共生共长的生命课堂。

随着《国家中长期教育改革和发展规划纲要》的深入落实，“坚持以人为本，全面实施素质教育”的战略主题已深入人心。新课改背景下的高中数学教学提倡师生共生共长的课堂，想实现“教书育人”的生命课堂，就要注重教育功能的多元化、教学方略的多样化、学习方法的主体化。只有兼顾师生，多视角、全方位地研究教学工作，才能品尝出教学的“横看成岭侧成峰，远近高低各不同”的意境，实现教学的百花齐放，让课堂成为教师和学生共生共长的精神家园。

本书分别从概念介绍、内涵特点、自我修炼、创新教研、实验方略和教学反思六个方面对师生共生共长课堂理念做出详细介绍和讨论。第一章介绍了师生共生共长课堂概念提出的理论依据和现实依据，对国内外已有的相关研究进行搜集与总结；第二章结合教学实际案例介绍了高中数学共生共长课堂的特点，包括：知行合一、趣味盎然；主体参与、启迪心智；合作探究、培养思维；共同感悟、文化提升；第三章站在教育者的角度上论述了师生共生共长课堂对教师自我修炼的要求，“打铁还需自身硬”，在信息时代，高中数学教师要提高自身素养，尤其是信息素养，不忘初心，提升教育教学水平以保障共生共长课堂的顺利建设；第四章主要论述师生共生共长课堂创新教研的原则、目标、依据与角度，讨论了理想课堂是什么、怎么建设理想课堂的问题，强调了校本教研的意义；第五章是建构师生共生共长课堂具体的教学操作指南，详细介绍了包括探究性教学、思维性引导和教育心理学的应用在内的实际教学方法；最后一章则是相关教学反思，从基本条件、注意事项、实施成效和未来规划四个方面对建设师生共生共长课堂的情况进行了总结，并提出了改进办法，该章节凝结了作者多年教学、教研的宝贵经验，是对全书内容的总结和升华。整本书除了理论上的讲解之外，还附有大量高中数学教学中的实际案例，供各位教育工作者参考。

本书综合采用文献法、行动研究法、经验总结法、比较研究法、个案研究法等多种研究方法，针对师生共生共长课堂这一教育理念进行了专题的教学策略与教学环节研究，是基于严密的理论研究与丰富的教学实践经验所得的成果，对于新课改背景下教学观念、教学方法的创新性转变具有重要意义。

“学道须当猛烈，始终确守初心，纤毫物欲不相侵。”身为一名一线高中数学教师，我要求自己“传数学精神之大道，授数学内涵之本业，解数学思维之困惑，激数学智慧之潜能，悟数学学习之真谛”。从教二十余年，三尺讲台的锤炼，记录下了我在教育教学、教学科研、数学活动、减负增效等方面的一孔之见。期盼能以此解读我心目中“师生共生共长的理想课堂”，期盼能对基础教育阶段数学教学尽微薄之力，能与一线数学教师分享。天津市“杰出津门教师”“未来教育家奠基工程”、和平区“教育领军人才”的培训使我提升了理论高度、开阔了教育视野。时代呼唤优秀的教育，时代呼唤优秀的教育工作者身体力行，实践创新。在崇高的教育使命激励下，我对自己的教育教学不断理性思考、奋笔疾书，反思总结，形成本书。拙著不妥之处，恳请各位专家、同仁批评指正。

吴春燕

2022年2月

目 录

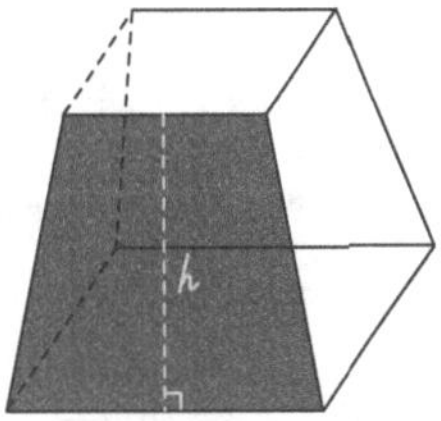

绪 论

共寻数学之路，让课堂实现价值共创

进入新时代，我国基础教育已经迈入全面提高质量的新阶段，迫切需要完善基础教育质量评价体系，引导全社会树立科学教育质量观，全面贯彻党的教育方针，落实立德树人根本任务，为培养德智体美劳全面发展的社会主义建设者和接班人提供有力支撑。

在国家的倡导下，新课改风雷激荡，对学习内容、学习方式、考核方式等多方面产生了深远的影响。新一轮课程改革涉及培养目标的变化、课程结构的调整、教学实施的变革、课程内容的更新、课程资源的开发等，在此情况下，教师需要积极主动地转变育人方式、更新教学观念、掌握新的教学方法，以新的教学评价体系为参照设计教学。那么应该如何在课堂教学中体现新课改？

理论指导实践，思想引领未来。在时代的召唤、现实的需要下，作为一个重要的理论和实践课题，师生共生共长课堂应运而生，它正是在新课程改革的背景下，针对传统课堂教学的不足，研究数学学科方面实施有效教学的因素，为实现新课程改革中提出的教育、教学新理念等所做的初步探索，力图形成对高中数学课堂进行有效教学指导的具体策略，构建学生有效学习的课堂教与学的平台，普遍提高课堂教学质量，为学校的科学和谐发展提供保证，提高高中数学教育教学的质量和办学整体水平。

高中时期是学生个性养成、素养提升的关键阶段。让学生做课堂的主人，提倡生生合作乃至师生合作、互教互学，是师生共生共长课堂的重要内容。合作的重要性在人类文明史上早有相关论述：古罗马哲学家塞内加认为，当你教别人时，你等于学了两次；古罗马的教育家昆体良认为，学生可以在互相学习的过程中获益；《学记》记载有“独学而无友，则孤陋而寡闻”；还有孔子的著名观点“三人行，必有我师焉”，国际教育委员会向联合国教科文组织提交的报告《学习——内在的财富》也指出：“学会共处，学会与他人一起生活，是今日教育中的重大问题之一。”鼓励学生在教学活动中积极合作交流、相互促进、协调发展，最后达到共同成长的目的。这与我国教育课程改革的观点不谋而合。培养学生互相合作、积极交流的能力，对学生未来的全面发展具有重要意义，也是为适应现代发展对学校教育提出的新要求。因此，设计具有效教学，让学生在高中阶段的教学当中有所收获，是这一时期学校教学的重中之重。

有效教学是指通过教师经过一段时间的教学后，学生获得的具体进步或发展，在社会资源耗费尽可能节约的前提下，促使学生素质的全面、和谐、可持续发展。学生有无进步或发展是教学是否有效的重要指标。所谓“有效”，主要是指通过教师在一段时间的教学之后，学生所获得的进步或发展。教学有没有效益，并不是指教师教得怎么样，而是指学生有没有学到什么或学得好不好，是否实现教学活动的价值，是否实现教学活动的价值。如果学生不想学或者学了没有收获，即使教师教得再辛苦也是无效教学。那么什么是有效教学策略？有效教学策略主要是指教师为实现教学目标或教学意图而采用的一系列具体的问题解决行为方式，它贯穿教学活动的全过程，并依据教学进程的三个阶段具体分为教学准备策略、教学实施策略与教学评价策略。为了达到有效教学目标，师生共生共长课堂要格外强调探究性，通过合理设置问题情境与知识引入衔接环节，激发学生的学习兴趣和学习热情。

以“数列——发现、运用整标函数的规律”部分教案为例进行说明：按照一定规律（次序、法则）排列的一列数叫数列。一个数列的规律集中体现在通项公式a_n和前n项和公式s_n中，如何找a_n和s_n是重点也是难点，a_n和s_n的关系式更是数列中最重要的公式。用函数和方程的思想来认识$a_n=f(n)$，$s_n=g(n)$即它们都是关于n的函数。这个认识极为重要，数列的很多灵活题、难题都借助函数的性质和列、解方程组的方法来解决。解决这些问题的过程，正是培养发现规律、运用规律，提高能力的过程。再如等差、等比数列是两个最有规律的数列，它们的通项公式的求法（倒写求和法，错位相减法）是典型方法，其他数列往往都要转化成等差、等比问题，由递推关系式求通项公式往往要用化归的思想进行转化。由于数列与函数、不等式、解析几何等问题联系紧密，有关利息、增长率等实际问题也与数列密切相关，加之高等数学中亦有大量的数列问题，故数列是考查综合能力的好载体。故而，为把握好有效教学，教师适当创设生活化情景、问题化情景以及多媒体情景，可以有效吸引学生的学习兴趣，提升课堂教学效率。

课堂教学是教师指导学生探究乃至师生合作探究的过程。教学要以学为本，要推动学生的学习、支持学生的学习、诊断学生的学习，要把学习扶持起来，要让学习在课堂中站起来，这才是对课堂本质的回应。课堂是师生共同学习、探究知识、展示智慧、发展能力、交融情感、养育人性的殿堂，是师生生命价值、人生意义得以实现和提升的场域。教育指向一个个具体的人，人生命的独特、丰富、多样使得教育变得复杂而魅力独具。只有对人的肯定和成全才真正称为人的教育，教育始终不能遗忘和忽视生命的存在，这充溢着生命的教育不断生成并超越自己，永远处于生命的行进中。这一方式，不仅是学生的参与与体验、亲历与丰富，也促进教师因自身生命实践而不断提升自我工作的意义，确认自身存在价值，从而不断感知生命的丰富感、满足感和成就感。

课堂教学理应成为生命塑造的场域，而不是知识独尊的天下。其实知识本身亦富生命意味，是生命对事物的一种理解、体验和意义的赋予，它受个体经验、态度、价值观的影响，具有主观性和不断生成性。知识不是存在于某处等待人们去发现的东西，而是在学习者的参与中才能生成的存在。因此，借助于知识而推进的教学过程，不应成为客观知识的简单传递，而应是生命的主动建构和主体间情感意义的交流。对学生而言，课堂教学不仅是一个认知过程，更是一个激活生命并促进生命发展的过程，这一生命场域是师生生命共同成长的过程。

课堂教学于特定教学情境中，是由师、生、文本从各自的理解出发，以语言、动作或行为为中介，以交往、沟通、意义为实践旨趣，促进主体取得更大视界融合的一种对话活动。学生在对话中以一个完整个体的方式将自己的思想、个性全身心地投入，积极进行自我与他人、自我与社会、自我与世界的沟通，这是个体生命全面彰显与丰富的过程。对话不仅是一种交往互动，更是一种生命的内在诉求；不仅是一种信息交换，也是一种价值交换。在对话中，我们走向师生共生共长的课堂。

“生长”的课堂以人为本，学生是主体，教师是主导，遵循规律，摸准学情，在课堂的生态场中，高度关注学生的一切状态，包括学生的喜怒哀乐、思维方式，发表的意见、提出的问题、错误中的合理成分等，也关注教师自身的发展状态，让课堂成为师生共同成长的幸福园地。“生长”的课堂真正把学习任务交还给学生，真正发挥学生的主体地位，真正转变教学方式，更大限度地激发学生的情感动力，让学生在课堂上有更多的活动、更多的参与、更多的平等交往与对话，使情感教育在课堂中开花结果。在这样的情感教育中，教师敏锐地抓住一些教育契机，让学生得到春风化雨、润物无声的感化与陶冶，获得“登山则情满于山，观海则意溢于海”共情 。“生长型”课堂中的教师也是“生长需要者”，也有生长的需要，教师不再是蜡烛“燃烧自己照亮别人”，在教育学生的过程中应该让自己得到同步的“生长”，从而不断增强教书育人的能力，丰富自己的人生。

师生共生共长课堂是一种具有创新性的教学理论，在探索、实践的过程中，要求我们广大数学教师将行动和研究结合起来，筛选和研究科学教育中迫切需要解决的具体问题，共同参与，即由研究者和行动过程的实践者结成一体，共同研究，共同进行调查、分析，通过在实践活动的进程中发现问题、设计方案、实施方案、评价或产生新的发现、再计划、再实施、再评价或根据发现的方式而不断进行。这不仅提高了师生共生共长课堂的现实应用价值，而且促进了教师教育科研能力和水平的提高。“生长型”课堂给了师生一个生长的动力,同时给了师生成长的空间,让师生成长为拥有完整人格的人,给学生带来了正面的、积极的影响,让学生拥有不断成长的力量,让课堂实现价值共创。

第一章

探寻方向：

高中数学需要师生共生共长的课堂

我国正处于决胜全面建成小康社会、夺取新时代中国特色社会主义伟大胜利的关键时刻，人才是实现民族振兴、赢得国际竞争主动的战略资源，迎接新时代的浪潮、为国家培养适应新时代要求的高素质人才，是每一位教师肩负的神圣责任。信息时代为教育提供了新的手段与更多的教育资源，也对教师提出了新的要求，教师要适应这种要求，肩负起推动教育改革、为国家和社会培养21世纪人才的历史重任，就必须清醒地认识到除了掌握本学科的专业知识外，还必须探索学习教育新模式、新方法。新课程改革强调教师要更新教学理念，提高课堂教育教学质量与效率，提升学生综合素养。

数学学习和数学教学都是富于变化的，随着时代的发展，高中数学课堂教学应该如何适应新时代需要、满足新时代教育要求，是摆在我们众多教育工作者面前的一个重大课题。当今，无论是课堂教学还是学生课后学习的学习方式和考查方式都被打上了新时代特有的深深烙印，那么，高中数学课堂教学应当如何适应新时代需要呢？在新时代文化背景下，师生之间不应该存在“第四堵墙”，高中数学课堂应该是师生共生共长的课堂，是没有围墙的新时空，我们应该构建教师与学生互为主体、共生共长的新型师生关系。

第一节 师生共生共长课堂的理论依据

理论是行动的先导、实践的指南，成功的实践活动离不开科学理论的指导，同时教师对于理论知识的学习，不只是为了学习而学习，而是为了解决教学中的实际问题。一名合格的教育者应该把理论与工作实际相结合，以发展的眼光，不断深化认识，总结经验，坚持理论指导和实践探索的辩证统一，实现理论创新、实践创新的良性互动。没有理论支撑的教学实践是难以站住脚跟的，如何构建起良性的师生关系，要求我们从前人教育理论中汲取精华，开辟教学新思路。

建设师生共生共长的课堂具有坚实的理论依据，主要有“教学相长”优秀传统教育思想、建构主义学习理论中对教师角色的定位的阐述、布鲁纳的发现学习理论、互动式教学理论以及任务驱动式教学理论。

一、“教学相长”思想

在教育史上，“教学相长”作为教育学的惯用术语和重要思想，对我国乃至世界各地的教育活动有着广泛而深刻的影响。

我国自古就有“教学相长”的优秀传统教育思想，“教学相长”思想最早是出自西汉戴圣的《礼记·学记》。《礼记·学记》云：“是故学然后知不足，教然后知困。知不足然后能自反也，知困然后能自强也。故曰：‘教学相长’也。”从中可见，“教学相长”最早是作为教师个体自我发展的规律而被提出来，指的是教师自己“学”与“教”这两种行为通过交互作用，共同促进教师的自身发展，这在客观上反映了教师从学到教、由教返学、教学相辅、不断提高的辩证过程。

李保强、薄存旭《“教学相长”本义复归及其教师专业发展价值》从思潮流变的角度，详细梳理了“教学相长”的历史渊源与语义传承，文中也指出“教学相长”的本义是指单一主体“教”与“学”两种行为的交互作用，以促进主体自身发展，而不是指教师与学生两个主体的相互关系。“教学相长”是针对教师而述，强调教师运用理性思维，把握自己学习知识的缺失，通过研究性学习，奋发求知，同时关注自己的实践历练，了解自己教学能力的现状和不足，并积极进行自主反思，刻苦钻研教学。

“教学相长”在当今的教育学话语体系中依然很活跃，但在一些学者的意识中，它的语义所指已经发生了部分移位，这主要有两方面的理解倾向：一方面，对“教学相长”的理解从教师自身“教人”和“自学”这两种行为的相互促进，移位到作为“教学”行为双方的师生的相互促进，被纳入了“师生关系”的视域中；另一方面，对“教学相长”做出两方面的解读，一是教师自身“教”和“学”两种行为相互促进，二是教师和学生相互促进。

因为“教”是教师的天职，“学”是学生的本分，所以当今“教学相长”很容易被理解为是对师生（“教”与“学”两种行为的主体）关系的一种规约。因此，有许多当代辞书编写者将“教学相长”解读为一种“师生关系”，即教师与学生双方相互促进的关系，如《现代汉语词典》对“教学相长”的界定是“通过教学，不但学生得到进步，教师自己也得到提高”，《汉语大词典》以邓小平《在全国教育工作会议上的讲话》中的“尊师爱生，教学相长，这是师生之间革命的同志式的关系”为例，将“教学相长”界定为“教和学的相互促进”。这种观点也存于当代教育学著作、教材和论文中，主要是强调教师也可以向学生学习，在教学活动中师生共同进步，共同提高，这是在“师生关系”语境下运用的结果。例如，罗明东、解继丽《从“教学相长”到“教研相长”——当代中小学教师角色观发展的一个新方向》提出：“教学相长指的是在教育、教学过程中，教师和学生是相互制约、相互促进、共同提高的。它是我国古代教育的优良传统，也是社会主义师生关系的主要特征。”

有一些辞书对“教学相长”做出了两方面的解读，即“教学相长”的本义是“教和学相互促进”，引申义是“师生之间相互促进”。例如，1979年版《辞海》释义：“‘教学相长’，指教和学相互促进。现在中国学校中教学相长还意味着师生之间的相互推动，共同提高。”《实用教育大辞典》对“教学相长”的解读是“教师通过‘教’和‘学’可以互相促进。现用来指师生之间互相学习，共同提高。”《教育大辞典》则把“教学相长”界定为“教师自身的‘教’和‘学’相互促进。其意为教师的‘学’可以促进‘教’，通过‘教’可以促进其‘学’。后人引申为师生之间的相互促进。教师的教导，促进学生的发展；随着学生的发展而提出新的更高的学习要求，促进教师不断进德修业，并在向学生学习中取得进步。”

“教学相长”思想是伴随着我国社会的进步、学校教育的产生、发展和人们对师生关系的不断认识而产生和不断演进的。“教学相长”思想最早作为教师个体自我发展的规律被提出，指教师的“教人”和“自学”这两种行为通过交互作用，共同促进教师自身发展，实现自我成长。当今学者对“教学相长”的解读更多是以“师生关系”为视域，越来越强调教师与学生在教学活动中实现相互促进、相互学习、共同成长。

在我国新课程改革的时代背景下，传统意义上的教师的“教”和学生的“学”正在不断让位于师生的互教互学，教师与学生将形成一个真正的“学习共同体”。因此，构建一种“教学相长”的新型师生关系日益重要，教育者应当给予其足够的关注和重视。作为一名一线高中数学教师，在课堂教学的实践过程中，不仅是教师单方面给学生传道授业解惑，学生也会在知识、情感等诸多方面给予教师丰富的反馈，对于提升教师的专业水平、教育教学能力有很大帮助，获得很多人生感悟。

我深深意识到，教师和学生虽然是“教”与“学”两种行为的主体，但是在教学活动中是一种平等、互动的关系，师生可以互相影响、互相学习、互相促进，共同成长。在当前新课程改革的背景下，我们需要建立一种新型的师生关系，一种师生共生共长的关系，推动师生在教学活动中共同学习、相互促进、教学相长。高中数学教学需要新型的师生共生共长的课堂，需要推动师生共生共长的教学，需要在教学过程中，充分重视师生“教”与“学”的交往互动，确保教师和学生能够相互交流、相互沟通、相互启发、相互补充，实现师生双方的教学相长、共同发展、和谐发展。

二、建构主义学习理论中的教师角色定位

在传统的教学模式中，教师是知识的传授者，学生是知识的接受者，教学内容是人类积累多年的知识浓缩成的教科书，教师的责任就是将教科书的内容转述给学生，检验学生对课堂知识、课本知识的掌握情况。在这样的教学模式下，教师为所有学生设定了同样的航线，忽视了学生是有思想的个体，忽视了培养学生的自主性，忽视了教学过程的开放性、科学性和探究性。

在当今社会，这样的传统教师观已经明显成为我国实施素质教育的羁绊。值得注意的是，建构主义学习理论彻底转变了这种被动的学习状态，把学习变成了发挥学生的主观能动性和不断生成、张扬、发展、提升的过程。

建构主义学习理论是认知学习理论的一个重要分支，最早由瑞士著名心理学家皮亚杰于20世纪60年代提出，它是心理学家对人类学习过程的认知规律不断进行深入研究的结果，是学习理论中行为主义发展到认知主义后的一个突破。尽管建构主义本身有不同流派，但是所有的流派都认为，学习的本质是一个以学习者为中心的、主动积极的建构过程。建构主义学习理论认为，知识不是通过“刺激—反应”过程被动地从外界转移来的，而是学习者通过与外界的相互作用，在自己原有经验的基础上主动建构起来的新的知识意义，同时学习者要在完整的、真实的环境中进行有意义的体验活动，并在教师和同学的帮助下，掌握自己在单独学习时无法领会的概念和思想。简单来说，建构主义学习理论是一种关于知识和学习的理论，它提倡在教师指导下，以学习者为中心的学习，既强调学习者的认知主体作用，又不忽视教师的指导作用，旨在阐

释教师是学习者知识意义建构的帮助者与促进者。

对于教师，建构主义学习理论倡导教师辅助观，即教师在学习过程中的作用不再是引导学习者向某一确定目标迈进，而是在对话过程中不断反思，充当学习者在学习过程中主动建构知识意义的帮助者，教师的主要任务是激发学习者的学习兴趣和学习动机，创设符合教学内容的情境，提示新旧知识之间的联系线索，组织学习者开展合作学习。对于学习者，建构主义学习理论强调，学习是学习者对知识的建构和对其理解的过程，学习者是知识意义的主动建构者，而不是外部信息刺激的被动接受者，学习者获得知识的多少取决于学习者根据自身的经验去建构有关知识的能力。对于教学过程，建构主义学习理论注重教学过程的生成性特点，将教学过程视为教师和学习者双方共同参与、讨论、协商的过程，也就是说，不是学生被动地接受知识的过程，而是积极地建构知识的过程，教学成果的测定也是由双方不断辩证对话而共同构建的研究结果决定。

建构主义学习理论视域下的教师角色定位与传统看法中的教师角色定位是完全不同的，教师不再是传授既定知识的“教书匠”，而是学生在学习过程中主动建构知识意义的忠实的支持者和帮助者。传统的教师角色定位由于受传统的“师道尊严”的观念影响，学生和社会都认为，教育行为与人的成长之间是一种简单、直接的因果关系，他们认为教师无所不知、无所不能，认为教师理应知晓所有领域的知识。建构主义学习理论则认为，知识是动态的，教师也是一个“学习者”，教师有新的角色定位——学生在学习过程中主动建构知识意义的忠实的支持者和帮助者。关于学生知识的获得，除了外部的教育影响之外，学生本身的因素发挥了关键作用。在知识的获取上，教师和学生都是依靠已有的经验理解知识、构建知识，教师的职责应该是促进学生自主建构知识，师生关系和谐在很大限度上是通过平等的交往和对话来互相促进、互相学习，不断地完善自身，实现共同成长。

在建构主义学习理论视域下，教师的作用从传统的传递知识转变为学生学习的辅导者，成为学生学习的高级伙伴和合作者。由于建构主义学习活动是以学生为中心，且是真实的学习活动，因此更有利于使学生激发学习兴趣和学习动机，能够鼓励学生进行批判性思维，能够提供更适合个体的学习风格。建构主义学习理论对教师提出了三项要求和原则。

(一)教师要成为学生意义建构的引导者

建构主义学习理论认为，学习是学生主动地建构自己的知识经验的过程，即通过新经验与原有知识经验反复地、双向地相互作用，对外部信息做主动地选择和加工，充实、丰富和改造自己的知识经验。因此，教师应当充分发挥自身的导向作用，发挥教学组织者的作用，从传统知识的提供者转变为学生学习活动的组织者和管理者，努力调动学生的积极性，帮助学生发现问题、解决问题，同时教师要注意适时地向学生提供学习资源，扮演好资源提供者的角色，让学生在“问题探究”中学习知识、提升能力、掌握方法、逐步学会学习。

因此，在实际教学中，教师不仅是教学内容的权威，而且要根据学生的实际情况，以学生为本，以学生为中心设计教学。在教学方案的设计中，注重教师与学生、学生与学生之间的课堂交流、知识的输入与输出方法，预测学生获取新知识过程中可能采取的对策，以及如何鼓励学生独立思考、大胆质疑，引导学生打破惯性思维方式，敢于另辟蹊径寻找一个问题的不同答案、一个结论的不同探索途径。教师从信息的提供者到组织者的改变，能够激发学生内在认知的驱动力，能够在教师创设的信息丰富的环境中思考探索，并进行独特的信息加工不断调整自己的认知结构，完成意义建构。

（二）教师要成为引导学生探究和交互学习的实施者

建构主义认为，协作发生在学习过程的始终，因此教师应该在可能的条件下组织协作学习，并对协作学习过程进行引导使之朝着有利于意义建构的方向发展。建构主义提倡协作与对话的学习方式，强调人的学习和发展是通过人际协作、对话、讨论等活动来建构的，特别强调师生间、生生间的协作、交流的交互作用。教师与学生之间的交流、讨论、争辩、合作以及教师的针对性指导，使师生在认知信息和情感信息上相互作用和相互影响，让学生在课堂交流中进行知识建构。生生互动即合作学习，也就是学生之间的相互作用和相互影响，包括学生的小组讨论、相互评价、相互激励、互帮互学等合作互助的形式，使每一个学生的智慧都能为整个学习团体所共享。

教师是学生与知识的桥梁，要把最新的知识提供给学生，全面提升学生的学习素养。在学习中还要注意引导学生师生间、生生间合作式、交互式学习，最大限度地激发学生主体参与主动探究的意识。因为学生的经验背景具有差异性，学生对于问题的看法和理解也是千差万别的，所以教师要高度重视对学生学习问题的诊断与纠正，并抱着正确的态度，掌握好“纠”和“度”。教师与学生、学生与学生之间需要共同针对某些问题进行探索，并在其过程中相互交流，了解彼此的想法。例如，教师可以组织学生协作学习、讨论和交流，就某一问题查找资料、分析资料，提出假设并验证假设，共同讨论和分享学习成果。同时，教师需要对学生的交流加以指导，提出问题引发学生思考和讨论，并在讨论中逐步把问题引向深入，让学生学会陈述自己的观点，倾听他人的意见，加深学生对所学知识的理解，这样使学生在学习中不仅学会了学习，也学会了与他人的交往和合作。

（三）教师要成为教学情境的创设者

传统教学理论认为，学习环境是在教师确定教学目标的基础上，按照感知、理解、巩固、运用四个环节把知识灌输给学生，知识的获取是一个被动吸收、反复练习和强化记忆的线性过程。建构主义的学习观认为，学生学习具有情景性，学习总是与社会文化背景相联系的，学生要在具体的情景中学习。具体的情景可以使学生利用自己的认知结构中储存下来的有关经验，通过同化或顺应，实现对新知识的意义建构；一方面，学生理解、建构知识受到特定学习情境的影响，个人的认知结构是在社会交互作用，并与其自身的经验背景相互作用，从而逐步形成与完善起来。另一方面，知识在各种情况下的应用不是简单套用，学生需要针对具体情境的特殊性对知识进行再创造、再探究。

因此，为了帮助学生完成对知识的意义构建，教师应该尽可能多地创设一些符合教学内容的具体学习情境，提示学生新旧知识之间的联系线索，使学生在具体学习情境中，借助教师和其他学生的帮助，以已有知识和经验为基础，在已知的知识平台上，通过不断激活原有的知识经验，主动获得知识，在“平衡—不平衡”的认知活动中搭建新的思维活动。教师既可以借助多媒体等技术提供仿真模式的探索情境，又可以把真实的生活情境转化为教学设计的重要内容，使学生在新旧知识之间、理论知识与日常生活之间建立起链接，利用学生原有认知结构中的有关经验去同化和索引当前所学的知识，在真实的问题情境中去感受、去体验，延长学生对所学知识的保留时间，加深学生对所学知识的注意力和理解力。

高中数学教学需要新型的师生共生共长的课堂，根据建构主义学习理论，教学过程应该是教师和学生双方共同参与、讨论、协商的过程，不是学生被动地接受知识的过程，而是以学生为中心、积极地建构知识的过程，教师的作用从传统的传递知识的权威转变为学生学习的辅导者，转变为学生学习的高级伙伴和合作者。教师角色定位也发生了转变，教师要成为引导学生探究和交互学习的实施者，要成为教学情境的创设者，师生要在教学活动中共同学习、相互促进、教学相长。

三、布鲁纳的发现学习理论

布鲁纳是著名的教育心理学家，他认为，学习的实质是一个人把同类事物联系起来，并把它们组织成赋予它们意义的结构。布鲁纳在学生的知识学习的动机方面的论述特别注意和强调认知需要和内部动机的作用，他认为知识的获得不管其形式如何，都是一种积极的过程，这种积极的学习过程显然是受学生强烈的认知需求的驱使。在布鲁纳看来，学生的心智发展，虽然有些受环境的影响，但是主要是独自遵循学生自己特有的认识程序。因此，他认为教学是要帮助学生认知的生长，教育工作者的任务是要把知识转换成一种适应学生发展的形式，由此，他提倡使用发现学习的教学方法。

布鲁纳的问题教学法也被称为发现学习法，主张创设问题情境。布鲁纳认为："学习者在一定的问题情境中，经历对学习材料的亲身体验和发展过程，才是学习者最有价值的东西。"一切学习都是在一定的环境条件下进行的，"问题情境"可以理解为一种具有特殊意义的教学环境，从物理意义上讲，它具有客观性，是一个看得见、摸得着的教学背景，它可以是现实生产、生活材料、本学科的问题，也可以是其他学科的相关内容等。从心理意义上讲，"问题情境"充分反映了学生对学习的主观愿望，能激发学生的学习兴趣，能唤起学生对知识的渴望和追求，让学生在学习中伴随着一种积极的情感体验，积极主动地投入到学习中去。

布鲁纳认为，在教学过程中，学生是积极的探究者。他也提倡发现学习，认为发现学习能够提高学生智慧的潜力，使外部动机向内部动机过渡。内部动机是学习的真正动力，它能使学习者主动地学习，并且在学习中发现学习的源泉和报偿，由此可见，发现学习有助于学生学会发现的探索法，有助于学生保持记忆。布鲁纳提出："认识是一个过程，而不是一种产品。"他认为学习的过程不只是引导学生掌握知识，更是诱导学生去体验知识、原理的过程，教师的作用是为学生创设一种能够独立探究学习的情境，而不是直接提供现成的书本知识。我们作为教师，是教一门学科，不是要建造一个活着的小型藏书室，应该让学生自己去思考，让学生参与知识获得的过程。学生学习的主要目的不是要记住教科书上所讲的内容，而是要亲身参与建立该学科的知识体系的过程，进而不断完善自己的认知结构。所以，布鲁纳强调的是学生不是被动的、消极的知识的接受者，而是主动的、积极的知识的探究者。

师生共生共长的课堂，从某种意义上说，就是教师带领、帮助、引导学生自己发现知识的过程。教师利用科学设置的问题，激发学生学习的兴趣，主导学生学习的方向，帮助、组织学生解决问题，获得知识，在这一过程中，教师引导学生自主探究，小组合作，师生间、生生间交互学习。共生共长的课堂教学是使学生在教师设置的有着真实的问题情境的探索中学习，在师生共同学习过程中，学生不断从知识中汲取营养，在求知中感受成就，逐渐形成心与智共同成长的、良性的、独立探索学习的能力，不断完善自己的认知结构、认知体系。

我们的高中数学教学需要新型的师生共生共长的课堂，根据布鲁纳的发现学习理论，教师不能一味单方面输出知识，而要尽力帮助学生培养独立学习的能力，引导学生自主探索和获取知识，这样既能较好地满足新课程改革的需要，又能真正提升学生的个人素养。

四、互动式教学理论

在“教师中心论”和“学生中心论”两种教育主张之间还存在着一种新颖的师生关系，那就是“互动式教学”下的互动关系。“互动式教学”的思想核心是将教学过程中的各元素进行有效整合，尤其是将师生看作是“教”与“学”的主体，不偏不倚地否定了传统教学理论中师生的主客体关系。这是“教”与“学”互动的整合，既不重教轻学，也不重学轻教，抓住了在教学过程中最重要的“师”“生”这两个主体，着重研究如何充分发挥“师”“生”的相互作用，达到优化教学过程。“互动式教学”构建了互动的师生关系，强调发现学习、探究学习、互动学习。

“互动式教学”首先肯定的是在教学过程中师生平等的、互动的关系，其次以任务型教学作为互动平台，使师生在课堂中成为问题解决的人，且扮演不同的角色去完成不同的任务，实现多边互动；再次是互动式评价为互动式教学提供了保障，学生通过参与评价活动，反思自己的学习状况，使教师了解学生处理信息技能、思考能力、学习态度、小组活动表现以及创造力等多方面情况。有利于学生从被动接受评价转为成为评价的主体和积极参与者。

如果没有“互动式教学”，教师将始终是课堂的“独裁者”，虽然与学生存在交流，但本质地位并不平等，学生的意见和想法无法在课堂中得到有效的重视，师生之间始终存在隔阂。因此，在新时代文化背景下，师生之间不应该存在“第四堵墙”。新时期的课堂是师生共生共长的课堂，是没有围墙的新时空，教师应该以“生活即教育”“社会即课堂”为理念，构建互为主体的新型师生关系，是在开放、和谐的氛围中实现了师生人际关系的空间重组。

建立一种新型的师生共生共长的师生关系、一种新型的师生共生共长课堂的哲学基础来自西方现代现象学哲学。现象学代表人物胡塞尔认为，每个人都是一个主体，都是意义、智慧和价值的源泉，人与人的关系不是传统哲学所阐释的主体与客体的关系，而是主体与主体之间的关系，因此人与人的关系是相互作用的关系。

五、任务驱动式教学理论

探究式教学是教师运用恰当的任务激发学生主动学习主动探究的教学。任务驱动教学法是一种建立在建构主义学习理论基础上的教学法，它将以往以传授知识为主的传统教学理念，转变为以解决问题、完成任务为主的多维互动式的教学理念；将再现式教学转变为探究式学习，使学生处于积极的学习状态，每一位学生都能根据自己对当前问题的理解，运用共有的知识和自己特有的经验提出方案、解决问题。

任务驱动教学本质上是通过“任务”来诱发、加强和维持学习者的成就动机。成就动机是学生学习和完成任务的真正动力系统。任务作为学习的桥梁，“驱动”学生完成任务的不是老师也不是“任务”，而是学习者本身，更进一步说是学习者的成就动机。因此，任务并不是静止和孤立的，它的指向应是学习者成就动机的形成，即任务是一个由外向内的演化过程，是以成就动机的产生为宗旨的。“任务驱动”就是通过“任务内驱”走向“动机驱动”的过程。教师进行“任务驱动教学”应注重布置能引起学生主动探究学习热情的、贴近学生学习和生活经验的、学生通过努力能够实现的任务。教师要努力创造条件引导学生完成任务，但不可越俎代庖、过多干涉，否则学生无法真正体验到成功的快乐；要保护学生的好奇心，提高学生发现问题和提出问题的勇气，鼓励学生自主探究完成任务。

师生共生共长课堂有坚实的、多样的理论作为依据，是合理的、具有实践意义的教学模式。过去的“填鸭式”教育方法已无法满足现代教育需求和新课程改革的要求，师生共同探究、合作参与的课堂是大势所趋，也为学生在课堂上有更多收获提供了可能性。构建师生共生共长课堂，深度挖掘新教育理念内涵，具有理论意义和现实意义。

第二节
师生共生共长课堂的概念提出

师生共生共长课堂概念的提出，与现实的需要息息相关。传统的高中数学课堂已经不再适应国家现实发展的需要，以往教师单方面“输出”观点的课堂模式只提高学生一时的卷面成绩，对于思维能力、合作能力等综合素质的提升则多有忽略，实际上，我们教学的目的是让学生掌握知识，提高发展能力。新时代国家需要的并不仅仅是“做题家”，更需要有自主思维能力的人才。由此，结合笔者在教学实践中遇到的问题、产生的感想，师生共生共长课堂应运而生。

在传统的高中数学课堂上，高考的压力和数学学科本身的难度，使得不少教师更多地追求“课堂大容量”“习题大容量”，于是大多数的高中数学课堂是教师在上面讲得“口若悬河”，学生在下面记得“奋笔疾书”，大量的数学公式、数学方法被教师“灌”给学生，学生在模仿着教师的解题方法以及处理数学问题，对数学习题处理的速度和熟练度是取得“高分”的宝典。而事实上，高中数学思想和数学思维方法比这些数学知识、技能更为重要，这是真正能影响人终身发展的核心素养。

《国家中长期教育改革和发展规划纲要（2010—2020年）》指出："把育人为本作为教育工作的根本要求。人力资源是我国经济社会发展的第一资源，教育是开发人力资源的主要途径。以学生为主体，以教师为主导，充分发挥学生的主动性，把促进学生成长成才作为学校一切工作的出发点和落脚点；关心每个学生，促进每个学生主动地、生动活泼地发展；尊重教育规律和学生身心发展规律，为每个学生提供适合的教育，培养造就数以亿计的高素质劳动者、数以千万计的专门人才和一大批拔尖创新人才。"这显然在传统的高中数学教学中无法被满足，因此教学改革势在必行。

《普通高中数学课程标准》倡导积极主动、勇于探索的学习方式，要求教育要充分体现学生在学习过程中的主体地位，强调"学生的数学学习活动不应只限于接受、记忆、模仿和练习，高中数学课程还应倡导自主探索、动手实践、合作交流、阅读自学等学习数学的方式"。这些方式有助于教师更新教育观念、改善教学方法，发挥学生学习的主动性，使学生的学习过程成为在教师引导下的"再创造"过程。同时，高中数学课程设立"数学探究""数学建模"等学习活动，为学生形成积极主动的、多样的学习方式创造有利的条件，以激发学生的数学学习兴趣，鼓励学生在学习过程中，养成独立思考、积极探索的习惯。高中数学课程应力求通过各种不同形式的自主学习、探究活动，让学生体验数学发现和创造的历程，发展他们的创新意识。这就要求教师的角色应该转换为学习情境的创设者、学习任务的设计者、学习资源的提供者、学习活动的组织者和学习方法的指导者，教师应积极探索实践适应新课改要求、有利于学生发展的新的课堂教学模式和教学法。

现代学习论认为，任何真正的学习都不是对于外部授予知识的简单接受，而是学习者在具体情境中与情境相互作用，主动建构知识的意义的过程。数学新课程强调基础性、普及性和发展性，学生的学习方式由传统的接受式学习向自主探究式学习转化。教师应善于激发学生的学习潜能，鼓励学生大胆创新和实践，向学生提供充分从事数学活动的机会，从而获得广泛的数学活动经验。教师在课堂教学中发挥的是一个组织者、参与者、引导者的作用，激励学生真正成为学习的主体、主人是课堂教学第一要务。

实际的数学课堂教学，往往以师生互动为主要的互动，生生之间的互动是很少的。不少研究者都指出了我国数学课堂中生生互动的不足。既然交流是现代数学教学与传统数学教学中的重要区别，那么交流的不足在一定程度上就反映了数学改革的不足。数学课堂中生生互动的不足不仅影响学生的数学学习，也不利于他们合作能力的培养，这应该引起我国数学教育工作者的充分重视。

基于这样的教育目标和要求，笔者在教学中不断地尝试探索适合的教学方法，从最开始的加强课堂学生活动设计，增加学生之间、师生之间的合作交流，到利用信息技术整合、加大学生在数学课上的动手实践力度。每种教法在开始实施的时候都会对激发学生主动参与学习起到一定的作用，但是随着时间推移，学生对教师创设出的教学情境又渐渐地变为被动接受，学习的主动性提升不大。

理性思考出现的新问题，我发现：课堂上当学生容易出现疲惫和倦怠时，教师适时提出一些有针对性的问题，引导学生自主探究解决问题，这样可以吸引学生的注意力。如果教师问题设置得有层次、有梯度、有思维价值，还能激发学生的学习兴趣和积极主动进行自主探究和互动协作的学习欲望。教师在教学中根据教学情境，教学内容，以及能力培养、目标任务设置适当的、分层推进的问题，用问题情境任务驱动，激发学生主动探究，在自主学习探究中学习知识，提升能力。这是教师设计、实施一节课必须具备的“基本功”。当然，发挥教学机制，及时处理、解决新问题，促进教学生成，则是更高要求。

经过一段时间，学生学习的自主性加强了，参与度也提高了，课堂上的讨论、交流气氛热烈，效果显著，学生的成绩逐步提升。然而，过了一个学期，当课堂教学逐步形成了“问题任务驱动—学生自主探究—小组交流分享—教师总结巩固”这样的模式后，面对一节节几乎复制的课堂，教师和学生又出现了新的倦怠。作为教师确实注意到将课堂交给学生，让学生自己探究，教师的作用明显减弱，教师上课看上去越来越“轻松”，可是心里却觉得少了些什么。少了什么呢？是原来自己得意的酣畅淋漓的精彩讲解？是掌控课堂、看着学生在自己的指导下豁然开朗的成就感？也是，也不是。

反复思考、研究对比后我醒悟到：课堂不应该是教师的“一言堂”，也不应片面追求学生自己学习的“自修室”；教学应当有模式，但绝不应当“模式化”，新课改背景下的高中数学课堂应该是师生共生共长的家园，师生都应在其中充实自我，实现自己的人生价值。这才是课堂教学的核心，这样的课堂才有持久的生命力。

基于以上实践中的情况，笔者进行深刻反思，提出师生共生共长课堂的概念，以期突破过去教师和学生间互动模式僵化困境，尝试解决以往教学效果欠佳的问题，真正提高学生自主学习能力、激发学生自主学习热情，实现“教学相长”。

第三节

师生共生共长课堂的研究现状

进行一项研究之前，要对国内外已有的相关研究进行搜集、阅读与总结，如今已有不少关于师生共生共长课堂的讨论，可见如何创建有创新性的课堂是亟待解决的问题，师生共建课堂具有一定研究价值。现在的社会是日新月异的社会，新事物和新理念层出不穷。高中数学教师的教学工作也应与时俱进，重新认识数学教师角色，领会新一轮课程改革理念，大胆尝试新的教学方法，培养学生运用自主探索的能力，为发展思维能力打下坚实基础。

一、国外有关"师生共生共长课堂"研究

教育家约翰·杜威认为人们在社会中参加真实的生活，才是身心成长和改造经验的正当途径。所以教师要把教授知识的课堂变成儿童活动的乐园，引导儿童积极自愿地投入活动，从活动中不知不觉地养成品德和获得知识，实现生活、生长和经验的改造。提出了知识与行为相结合以及个体在获取知识上的主动性问题，为正确认识知识传授与儿童活动的关系，鼓励儿童主动探究，通过探究活动获取知识和经验，提供了指导思想。这种教师引导学生共同探

究的学习共同体的教学方式即为师生共生共长课堂的初步模型。

当代日本教育研究家佐藤学教授通过遍访日本全国各地学校，深入课堂，与教师一同研究教学，倡导创建“学习共同体”。他发现，课堂教学在经历了“教师为中心”到“学生为中心”的转变后，很容易陷入另一种状况，即片面追求所谓的“学生为中心”，课堂上热热闹闹，讨论不断，表面上看来是特别活跃，学生“在教师的安排下积极参与”，却没有给学生时间静下心来进行深入的学习探索，缺乏个人进一步进行独立思考。这一弊端在高中数学课堂上尤为突出。佐藤学认为真正领先的课堂应该是教师在和谐宁静的气氛中，和学生一起搭建“学习共同体”，让学生在教师的带领下从生活经验中获取知识、提升能力。这样的“学习共同体”打造出师生共生共长的课堂。

二、国内有关“师生共生共长课堂”研究现状

新课改背景下的教学要与时俱进，教学不再是教师通过先进教育理念指导学生学习的所有行为和策略研究。而是师生间情感交流，师生共同发展的过程。越来越多的教育工作者关注到课堂教学的这一根本变化。

早在2010年，江苏省张家港南沙中学的饶跃华和王青喜在《打破平衡共生共长——生态视角下的课堂观》一文中首次提出“共生共长”这一理念，在文中两位教师提出了生态课堂需要学生的竞争与共生，即“我们追求课堂生态的平衡，既要考虑学生主体竞争因素的存在，也必须关注学生群体的和谐共生。”认为生态课堂的核心是生生互助，合作探究，自我教育，自我发展。这里的共生指的仍然是生生间的共生，更多的是强调合作学习，教师要做的只是鼓励学生为了完成共同任务，有明确责任分工的互助性学习，仍然是建立在目标结构理论和认知发展理论基础上的学习，更注重强调合作精神、交往能力、竞争意识的培养。

2014年7月，许东慧在《国家教师科研专项基金科研成果集》中发表的文章《基于网络环境下的新型师生关系的构建——创建师生共存、共生、共长、共乐的互动平台》，提出了“让教师博客成为师生共存、共生、共长和共乐的互动平台。构建一种和谐的、友爱的、平等的、宽松的、充满着激情的新型师生关系。倒逼教师专业成长，最终实现教育教学质量大面积提升”的教育观点，对于此概念，作者将网络环境下的教师博客作为教育的切入点，明确提出新型师生关系的平等、和谐是为了让学生的成长促进教师的专业成长的观点。

2016年，语文特级教师黄厚江在“本色语文教学”的研究基础上结合他三十年的宝贵教学实践经验提出了“语文共生教学”的教学方法，是针对语文“结论教学”弊端进行了课堂教学改革，是“着眼于学生学习过程的体现和改善，着眼于教和学的融合，着眼于阅读和写作等素养提高的教学方法。”黄老师详细阐释了如何进行语文阅读和写作的共生教学，总结了语文共生教学的原则和核心纲领、语文共生教学的课堂结构，并以写作课的形式详细讲解了如何在课堂上完成师生共生和生生共生。

黄厚江的语文共生教学方法给了我很大的启发，激励我去思考如何在高中数学教学实践中探索构建师生共生共长的课堂，培养学生数学核心素养。

同年，龙宝新在《教学共生体中的师生关系内涵与重建》一文中阐释了教学共生体概念，指出教学共生体是师生在课堂生活中结成的以师生共长、知识创生、教学共创为特征的内生型教学组织，它兼具知识生产（即知识创新）与再生产（即知识传承）功能。在教学共生体中，师生被置于全新的话语系统与体制环境中，师生关系具有了新内涵：边界飘移、一体同心、场内共生，师生关系的建立与改善服务于“课堂知识自由生成计划”的实施，铸就现代课堂教学的新常态。

前人的相关研究为师生共生共长的数学课堂模式提供了大量的经验，也激发了笔者更加深入的思考，在总结前人观点的基础上，针对数学课堂特有的学科特点，结合实际教学中的宝贵经验，进一步完善和丰富了师生共生共长课堂的内涵。同时，我们发现，现有研究中共生共长课堂模式领域还存在一定的空白，本书所做的研究也可以对空白领域进行一些填补。

第四节

师生共生共长课堂的现实意义

一枝独秀不是春，百花齐放春满园。有效率、有价值的课堂不是教师一个人的“独角戏”，构建优秀课堂需要师生共同携手。“人人都要学有价值的数学，人人都必须获得相应的数学知识，不同的人在数学上得到不同的发展。”为了适应新时代对于人才的新要求，高中数学教学必须鼓励学生尝试从不同角度去认识问题，以不同的方法解决问题，让学生大胆地展示自己的想法，让每一个学生充分展示自己的智慧，努力为学生创造讨论交流的话题与环境。

一、新课程改革的需要

随着新课改的不断深入，教师的角色已经发生了很大的变化，教师不再是过去课堂上知识的权威者，而是转变为学生学习的组织者、帮助者。教师也相应由课程的执行者变为课程的设计者、开发者。新课程要求教师提高素质，更新观念、转变角色，必然要求教师的教学行为产生相应的变化。

传统教学中，教师往往自己站在“课堂的中心”，从自己的教学经验出发，把学生当作教育的客体和“容器”，将知识“灌”给学生。这样的课堂教学，只会让学生更多地依赖教师，把数学学习等同于死记硬背，逐渐变成解题的“熟练工”，无法通过学习数学这个“思维的体操”解读现代社会的“科学语言和有效工具”，真正提升数学思维能力。师生之间本该在教学过程中互相促进、彼此进步。但传统的数学教学只关注教师的“教”和学生的“学”，彼此平行，各不相干。这样的方式显然不利于教师在教学中进步，也不利于学生在学习中成长，更加无法实现师生之间的教学相长和共同发展。因此，传统数学教学改革势在必行。

数学是研究空间形式和数量关系的科学。数学能够处理数据、观测资料，进行计算、推理和证明，可提供自然现象、社会系统的数学模型。随着社会的发展，数学的应用越来越广泛。它是研究现代科学技术的基础，是培养和提高人思维能力的有效学科，是现代文化的重要组成部分。所以，在高中阶段使学生接受良好的数学教育，提升数学素养，是培养现代型人才所必须具备的。而以往陈旧的数学教学观念、教学思想是不能满足社会要求的。数学教学必须由培养“知识型”人才向“能力型”人才转变。这一趋势也成为全世界数学教育的方向。

法国的数学教育有其独特的模式和思想，这些在其高中数学《数学教学大纲》中有充分的体现。而我国也于2017年开始在全国颁布了新的《普通高中数学课程标准》（以下简称《课程标准》）来指导教学。以下就对中法两国高一年级《数学教学大纲》和《课程标准》进行比较，在比较中探讨师生共生共长课堂的现实意义。

（一）大纲和课标编写的基本格式

我国《普通高中数学课程标准》全文共分为七个部分，就高中阶段总的数学教学从课程性质与基本理念、学科核心素养与课程目标、课程结构、课程内容、学业质量、实施建议、附录七个方面进行指导。

法国的高中数学《教学大纲》按年级分为高一、高二、高三三个章节，各章节内容有统一的格式，均为宗旨说明、教学组织指导教学内容及教学要求三个部分，又因为所对应的年级不同，有不同的侧重和编排。“宗旨说明”即类似于我国的“课程目标”，对教学提出目标，不同于国《课程标准》在第二部分将整个高中阶段课程目标全部列出，法国《大纲》则在不同章节，根据年级的不同具体细致地提出本年级的教学宗旨。例如，在高一《教学大纲》中，除了要求对知识、技能和思想的培养，还特别强调“重视问题解决和数学应用，做好同初中的衔接；高中一年级必须成为学生在高二年级、高三年级进行分科选择作指导的‘导向年级’，而不要办成理科的预备班”。大纲强调了该年级的特点。

我们国家的《课程标准》则在必修模块单独设立了“主题—预备知识”。该部分“以义务教育阶段数学课程内容为载体，结合集合、常用逻辑用语、相等关系与不等关系、从函数观点看一元二次方程和一元二次不等式等内容的学习，为高中数学课程做好学习心理、学习方式和知识技能等方面的准备，帮助学生完成初高中数学学习的过渡”。这一主题的设定，更好地指导了初高中的教学衔接。

法国《大纲》中的“教学组织指导”可以认为是“宗旨说明”的补充，也可看成是我国《课程标准》中的“实施建议”，即从多方面对教学指导思想进行规定。所不同的是两国的侧重范围不同：法国方面仅在课堂教学的目标上给出了规定，“引导学生去从事科学活动和掌握科学方法；引导学生去发现，去分析情况”“发展学生互相交流的能力：听、说、读、写的能力”。

我国新《课程标准》明确指出了“在教学活动中，教师应准确把握课程目标、课程内容、学业质量的要求，合理设计教学目标，并通过相应的教学实施，在学生掌握知识技能的同时，促进数学学科核心素养的提升及水平的达成。在教学与评价中，要关注学生对具体内容的掌握情况，更要关注学生数学学科核心素养水平的表现；要关注数学学科核心素养各要素的不同特征及要求，更要关注数学学科核心素养的综合性与整体性。教师应结合相应的教学内容，落实‘四基’，培养‘四能’促进学生数学学科核心素养的形成和发展，达到相应水平的要求，部分学生可以达到更高水平的要求”。由此可以看出我国新修订的《课程标准》规定得更加全面具体。

在这一部分，法国《大纲》还对“测验”的次数和内容给出了规定，而我国则在评价建议中对评价的目的、原则、方式、评价结果的呈现与利用给出了详细的说明和指导。新《课程标准》更是对学业水平考试和高考的命题给出了建议。

法国《大纲》中的“教学内容和教学要求”即为我国的“课程内容”，两个部分内容在编写格式上略有不同，但主要内容基本一致。

（二）课程内容部分

由于两国的基本国情和科学发展水平不同，所以在课程内容的设置上也略有不同。下面就以高一年级所学内容为例进行说明。

我国新《课程标准》规定高一年级内容为：必修课程，其中包括五个主题，分别是预备知识、函数、几何与代数、概率与统计、数学建模活动与数学探究活动。

其中主题一预备知识包括集合、常用逻辑用语、相等关系与不等关系、从函数观点看一元二次方程和一元二次不等式；主题二函数部分包括函数的概念与性质、幂函数、指数函数、对数函数、三角函数和函数应用；主题三几何与代数部分包括平面向量及其应用、复数和立体几何初步；主题四包括概率与统计；主题五数学建模活动主要是对现实问题进行数学抽象，用数学语言表达问题、用数学方法构建模型解决问题的过程。

法国《大纲》所规定的高一年级必修内容分为五块内容，其中也包括函数、三角函数、平面向量和简单的立体几何、统计知识，但是在所要求掌握的程度上有所降低。除此之外，法国的高一年级还需学习“数值与代数”，这是学生在进入高中后首先要进行训练的教学内容，主要促进学生落实基本的数学能力，如数据处理、解方程能力、计算器的使用等，为后面进行数学研究打好基础，此部分内容和我国初中数学内容类似。

综观法国高一年级《教学大纲》，基本体现了以准备知识为主，做好初高中知识的衔接，初步涉及简单的高中函数、几何知识，使学生逐步适应，由浅至深地学习数学知识。我国在新课改之后颁布了高中数学课程设置，进一步明确了普通高中教育的定位，充分体现了“以学生发展为本，落实立德树人根本任务，培育科学精神和创新意识，提升数学学科核心素养。”由此可以看出我国现行高中数学课程立足实现“人人都能获得良好的数学教育，不同的人在数学上得到不同的发展”，更能体现社会发展的需求与数学学科的特征，符合学生的认知规律。

（三）目标要求程度

我国《课程标准》对学生自主学习和教师教学活动从“学业质量水平”角度进行了详细的描述。对数学学科核心素养的具体表现以本学科核心素养及其表现水平为主要维度，结合课程内容，从六个核心素养每个三级水平的划分以附录的形式对学生学业成就表现进行了总体刻画。在“实施建议”章节更是对教师教学活动中教学目标的制订、情境创设、问题设计、把握教学内容、促进学生学会学习、重视信息技术等方面给出了具体指导，可操作性强。

《教学大纲》在每学段知识前，针对这一部分内容集中给出对教学的要求，将同类知识要求合并在一起使教师明确教学的总体要求。在对教学提出的要求中，大纲体现了指导细致具体，知识点剖析明确的特点，便于教师应用。

高一年级是学生从初中学习进入高一级学习阶段的第一年，如何合理地设置数学教学内容和教学目标可以使学生尽快适应更深层次的学习是教育者要研究的课题。通过对比研究中法两国高一数学《教学大纲》，我们发现，法国大纲的编写将高中三个年级教学内容和要求分开，有利于根据学生的不同水平设置不同的教学内容和教学目标。高一数学大纲集中体现了“通俗、平易、具体、有针对性”的特点，使教师容易把握教学尺度，帮助学生完成知识的扩充和思维的初步形成。

我国2017版《课程标准》相比原《教学大纲》凝练了基于学科本质的核心素养，明确了学生学习数学课程后应获得的价值观、必备品格和关键能力，整合了知识与技能、过程与方法、情感态度价值观三维目标，围绕全面贯彻党的教育方针、落实立德树人根本任务重组了教学内容，明确了教学要求和学生的发展目标，研制了科学、全面的学业质量标准，增强了对教学和评价的指导性。

在新课程的改革中，改革重点始终放在培养学生的个人能力上。学生在教学中始终保持教学主体的地位，教师作为学生学习的引导者和辅导者，通过设置合理的教学环境、教学方法和教学模式等，实现知识和经验的传授，质疑、调查、探究和实践能力的培养，好奇心、探索欲、人格的引导，帮助每个学生都得到充分的发展。当然，随着互联网的普及，在教学过程中，实现信息技术和学科教学的整合，充分发挥互联网的优势，在为学生拓宽视野的同时，提供优质的教学环境和丰富的教学工具，始终围绕着促进学生发展进行教学改革探索。

二、培养学生数学核心素养的需要

学校教育作为学生培养的主渠道，如何培养全面发展的人就成为摆在一线教师面前首要问题。要明确学生应具备的核心素养是指学生在接受相应学段的教育过程中，逐步形成适应个人终身发展和社会发展需要的必备品格和关键能力。包括自主发展、社会参与和文化基础三个方面的要求。自主发展是要学会学习、健康生活；社会参与是要有责任担当、实践创新；文化基础要求具有人文底蕴和科学精神。核心素养是知识、能力和态度的综合体现；是指导教学实践、引领教师专业发展的根本。这就需要广大教师围绕核心素养的要求树立终身学习的理念，更新教学观念，立足课堂教学和学生共同学习、共同成长。

新课改时期，高中数学旨在培养学生数学抽象、逻辑推理、数学建模、数学运算、直观想象、数据分析六大核心素养。《普通高中数学课程标准》倡导自主探索、动手实践、合作交流、阅读自学等学习数学的方式。这些方式有助于发挥学生学习的主动性，学习过程成为是在教师引导下的学习过程的“再创造”。这就要求教师的角色应该是学习情境的创设者、学习任务的设计者、学习资源的提供者、学习活动的组织者和学习方法的指导者，教师也应积极探索实践适应新课改要求和有利于学生发展的新的课堂教学模式。

三、教师专业化发展的需要

（一）教师专业化的含义和特点

教师专业化是指教师个体和教师群体的专业水平提高以及教师职业的专业地位的确立和提升的过程。具体包括三个层次：一是指教师个体的专业水平提高的过程；二是指教师群体的专业水平提高的过程；三是指教师职业的专业地位的确立和提升的过程。三个层次紧密联系，相互促进。忽视任何一个方面，就会阻碍教师专业化的进程。教师专业化具有丰富性、多样性、发展性和多主体性的特点。

（二）教师专业化的标准

目前，最能明确地正式表达教师专业化标准的文件是美国卡内基基金会的改革委员会组织的“全美教师专业标准委员会”（National Board for Professiona Teaching Standards）的《教师专业标准大纲》（1989）。它主要包括五个方面的要求：第一，教师接受社会的委托负责教育学生，关注他们的学习。第二，教师了解学科内容与学科的教学方法。第三，教师负有管理学生的学习并作出建议的责任。第四，教师应系统反思并从自身的实践经验中学到知识。第五，教师是学习共同体的成员。这五项标准概括起来就是：学生、知识、管理、反思和合作。

这里明确提出，教师是学习共同体的成员。这一要求既是要求教师树立终身学习的理念，也可以理解为教师在课堂教学中要成为学习、探究的共同体。只有教师不断学习、实践、反思、创新，才能打造符合新课改要求和学生素养培养的课堂。

大道至简，大音稀声。学校里无非有两件事，一件是学生的事，另一件是教师的事。我一直认为，教育应该实现师生共生共长。首先，教育要服务于学生成长，坚持“学生第一”的教育视角，真正做到“把学生当学生”，基于学生的个体差异和成长需求，尊重学生的身心发展规律和认知发展规律。其次，教育要实现教师的成长，坚持“教师至上”的管理视角，在成就学生的同时成就教师。提高课堂教学的效率是每一位教师的追求，我们应努力从各个方面构建一种“学生在最中央”的灵动教学模式，让课堂在师生的共同生长中绽放精彩。

因此，师生共生共长课堂模式的推行具有深刻的现实意义，在教学过程中，教师通过不断地教学实践实现自身职业发展，学生遵循着教育规律和身心发展规律得到了自身的成长。师生共生共长的教学模式可以有效地促进学生主动发展、个性发展，在关注中发展，在爱中发展，让学生得到合适的教育。只有这样我们的教育才不仅仅是教授书本的知识，更是为学生适应社会的未来着想。才能培养造就出数以亿计的高素质劳动者、数以千万计的专门人才和一大批拔尖创新人才。

第二章

深究内涵：

高中数学师生共生共长课堂的特点

《国家中长期教育改革和发展规划纲要(2010—2020年)》指出，学校的学生培养要坚持全面发展、坚持文化知识学习与思想品德修养的统一、坚持文化教育与体育发展的统一、坚持理论学习和社会实践的统一、坚持全面发展和个性发展的统一。基于这样的培养目标，学校教育就要注重培养学生的独立思考、创新能力和实践能力，对于高中学生的教育要强调让学生自我管理、自主发展，而课堂恰恰是教育的主渠道。

为了深入推进新课程改革，进一步提高教育教学效益，真正实现减负增效和学生的综合素质提升，作为教学一线的广大教师正在深入研讨什么样的教学更有效，如何更好地实施有效教学。课堂是学生学习的主阵地，学生的成长依赖的是每一堂课的积累，提高课堂教学效率是重中之重。师生共生共长课堂作为一种教育理念，指导我们需更加关注学生的学习过程，关注教育目标的预设与生成，关注教学活动的设计与改进。这就要求我们不仅要关注课堂上一些显现的因素，而且更应关注课堂教学的内在因素。

第一节

知行合一　趣味盎然

新课程改革的理念要求我们应树立以人为本的学生观，一切为了学生的发展，并促进学生的发展。这就要求教师要把自己融入学生中去，不再是高高在上的师道尊严者，而是用开放的思想、包容的态度来最大限度地调动学生的积极性和自主性。这就需要教师将目光聚焦于课堂教学。课堂教学才是学校教育的主阵地。

想要做好课堂教学，就要进行课堂教学设计，让学生在教师有把握的教学节奏中得到合理的引导。课堂氛围就是课堂教学设计的关注重点之一。课堂氛围是学生在课堂上所表现出来的一种公共情绪状态，对课堂教学质量有很大影响。活泼有趣的课堂氛围能够使学生的思维更加活跃，从而更好地提升课堂教学效率。一位优秀的教师应该懂得如何营造积极的课堂氛围以提升课堂的整体教学效果，从而使学生可以在更加轻松、愉快的状态中进行学习，激发学生的学习兴趣和探索欲。《普通高中数学课程标准》中提出高中数学课程应倡导自主探索、动手实践、合作交流及阅读自学的学习方式，以提高学生学习的积极性、创造性，这就需要教师创设一个良好的课堂氛围，同时为学生提供大量的实践机会。

除此之外，由于教学活动是教师和学生共同参与的活动，在这种活动进程中，师生不仅存在知识的传递，还有感情的交流，因此师生在教学过程中的情感交流也会对教学产生影响，教师要多关注学生情感、关注学生心理，这样学生才会“亲其师，信其道”。

很多时候，作为教师，尤其是班主任，在课余时间对学生的生活、成长都能做到无微不至的关爱。当学生在情感、思想等方面出现问题时，也能及时给予关注，并辅以谈心、家访等方式进行疏导。但是在课堂教学上，教师往往就会疏忽。其实在课堂上实现师生情感交流的机会很多，其中常用且有效的就是恰当地进行课堂提问。一个好的问题犹如一条纽带，会将师生间的认识和感情紧密联系起来，架起一座师生双向交流的桥梁，活跃课堂气氛，促进课堂上教与学的和谐发展。

2008年，我带第五届高三毕业班，当时任班主任工作已经有十个年头的我自认为有着自己独特的带班方略，我遵循“尊重、理解、信任”的工作原则，在课下注重和学生在思想上交流，感情上沟通，注意调动班内每一个学生的积极性和主动性，使师生间形成了和谐的教育氛围，我带的班也曾多次获得各级各类荣誉。但是作为数学任课教师的我在课堂上常常是不苟言笑，我一直信奉“严师出高徒”，同时又认为数学是一门严谨的学科，所以我在课堂上总是一板一眼，力求在课堂上给学生以最优的解法和最准确的知识。在课堂上，我也会定期定时检测学生学习的落实情况，每当我提问上一节课刚刚讲过的概念、解法时，发现学生们都会很紧张地低下头去，整个教室鸦雀无声，没有哪个学生会主动举手，这总让我觉得他们似乎没有好好复习，于是总是带着要拆穿他们的念头提问一些平时数学基础比较薄弱的学生，而每次的结果也是不出我所料，他们的回答总是不尽如人意，接下来就是我“恨铁不成钢”的一席说教。这样的课堂氛围往往带给我强烈的挫败感。

又一次这样的课堂教学发生的一天晚自习后，处理完班级的各项工作又批改了课堂检测的试卷，冬日的傍晚已经华灯初上，我拖着疲惫的身体走到校门口，突然发现课上被我提问并批评的小A在路灯下徘徊，看见我过来，他犹豫了一下，还是走上前来和我打招呼，我问他为何还不回家，他吞吞吐吐：“老师，我在等您，能和您说说话吗？”我说：“好啊！我也正想找你聊聊呢，咱们顺路边走边聊吧！”

小A似乎没有想到我会用这样轻松的语气与他说话，他深深地呼了一口气，一下子放松下来。“老师，其实您今天课上问的那个公式我昨天真的复习了，在上课前我还在草稿纸上写了两遍呢！”小A迫不及待地告诉我。

“是吗？那为什么我提问时，你磕磕巴巴地说不上来呢？是记得不牢固？数学公式的复习和记忆可不能像背单词那样机械地记忆哦，要先理解，再在应用中巩固，你没按要求做吧？”我耐心地帮助他分析问题。

“老师，不是的。我真的记住了，昨天咱们作业中有三个题都用到了这个公式对吧？还有今天下课前的课堂小测的第二题也是这个公式的应用哦，我都做对了，没看公式哦。”

“那是为何？”

“老师，能给您提个意见吗?”小A声音突然小了。

“你说。”

“老师，您的数学课思路清楚、讲解生动，大家都特别喜欢。但是您以后在课堂上多笑笑，就像您课下和我们在一起这样。您严格要求是为我们好，但您上课总是那么严肃，尤其是提问的时候，我有好几次本来都会的知识，可是一站起来，就紧张得什么都忘了。”

听了他的话，我不觉笑出声来:“敢情你答不上来是让我吓得啊!”

“是真的老师。咱们班很多同学都说上数学课是最紧张的呢。”小A急切地说。我愣了一下，说:“老师会注意。”

回到家中，学生的话一直在我脑中回响。一直以来，我在课堂上“不苟言笑”“高标准”给学生的感觉并不是严格和规范，也不能诠释和传递数学学科的严谨，而是“高高在上和冷冰冰”，这种师生关系严重阻碍了学生接受知识的顺畅，甚至抹杀了学生学习数学的兴趣和数学思维的活跃。

我的数学课堂虽然看起来秩序“良好”，但可想而知，没有真正做到师生互动、共同成长，那么这样的课堂又如何能让学生感受到数学学习的乐趣所在呢?

我幡然醒悟，决定立刻改正。在以后的课堂教学中，我不再只是注重自己的课堂教学设计，而是努力做到融入学生，提问学生时注意用鼓励的语言，在学生一时回答不出问题时耐心启发引导，给学生再次表现自己的机会，对于稍有难度的问题，尽量把难化易，把大化小，引导学生逐一回答，同时注意倾听、引导，摒弃只对“正确答案”赞赏而对“错误答案”批评的偏见，真诚地评价回应每个答案，这样的教学实践是拉近了师生间在认知、情感上的距离，消除了学生的紧张心理，使学生为回答出问题而感到心情愉快，也调动了学生探究问题答案的主动性，激发学生回答问题的积极性，也更进一步增进了师生间的感情交流，使课堂保持活跃、轻松、和谐的良好氛围。

良好的课堂氛围对教学效果的提升有积极作用，和谐轻松、活泼有趣的课堂氛围不仅可以增进学生对于课堂讲授内容的理解，使学生们对知识点记得更牢、了解更透彻，而且还可以使教师的教学活动开展得更加轻松和得心应手。当教师成功营造互动式教学氛围时，学生能全方面地吸收、理解课堂知识。师生共生共长的课堂形式既充分调动了学生的主观能动性，又有利于教师的责任情感培养和专业发展。

第二节

主体参与　启迪心智

共生与共长的师生关系是一种新型的师生关系，指师生间基于平等，构建起互利双赢、共存共荣的“命运共同体”。在此“命运共同体”中，师生双方共同学习、共同实践、共同发展。

在前面的章节中已经提到，在传统的“教师中心论”和“学生中心论”两种教育主张之间还存在着一种新颖的师生关系，那就是师生共生共长的互动关系。共生共长课堂需要学生的主体参与，更需要教师让学生在主动参与中启迪心智。

教师如果私自挤占学生的空间，无异于压抑学生的表达欲，剥夺学生的表达权；教师如果“间离”自我，个中虽有互动，但依然是以“教师为中心”，忽视了学生的主体地位；教师如果封闭课堂、画地为牢，以“第四堵墙”隔离现实，师生的知识视野将受到限制，教师为社会服务将永远成为一句空话。

因此，在新课改背景下，师生之间不应该存在“第四堵墙”。新时期的课堂是师生共生共长的课堂，是没有围墙的新时空，教师应该以“生活即教育”“社会即课堂”为理念，推动师生在教学活动中共同学习、相互促进、教学相长。建设师生共生共长的课堂，构建教师与学生互为主体的新颖的师生关系，是在民主、开放、和谐的氛围中实现的师生人际关系的空间重组。

龙宝新在《教学共生体中的师生关系内涵与重建》一文中提到，教学共同体在学习方式上重视的是“殊途同归”，即“围绕某一问题开展多角度的分析与合作，努力形成对该问题的最佳结论与共同答案”。可见，师生共生共长课堂关注开放性，师生之间通过共同参与、通力协作，针对一个问题、一个定义甚至一道题目，以探索的姿态共同寻找更多样的新答案、新知识。传统教学理论和实践的缺陷，体现在多采用填鸭式灌输的教学模式上、对于学习主体个性化需求和学习热情的忽视上，一味强调“上施下效”，导致学生的生命关怀缺失。理想课堂上的师生有共同的学习目标，在明确的责任分工的互助性学习过程中，师生和谐相处，既能提高社会交往能力，又能建立起一种友爱合作的课堂环境。

新课程改革如火如荼地进行着，它要求以课堂学习方式的转变为切入口，关注学生的生命质量，充分完成师生“教”“学”的合理互动，在确保有效交流和交互的过程中，学生在自主学习的过程中养成良好的实践能力和创造能力，教师在实践教学过程中锻炼个人能力实现职业发展，最终形成合作共长，和谐发展的教学局面。

20世纪80年代初，“教师主导，学生主体”理论作为在教学过程中对教与学关系的概括被明确提出，一直以来相关的争论、批评都十分热烈。“学生主体”是否夸大了学生主观能动性的作用和地位？实际上，有学者指出：“教师主导，学生主体”是个简化表达，把它复原，就是“教师主导，学生被导；学生主体，教学内容客体”。“教师主导”是教师主体服务性的表现，是学生发展的外因，是对学生主体地位的强调；“学生主体”则是在教师主导下发展着的主体。在教学过程中，教师要主动设置探究式活动，带动学生参与到课堂教学中来。值得注意的是每一个学生在数学课程中表现出来的学习能力和接受能力各不相同，但同时教师要看到每一个学生都有自己的优点，从而相信一定能找到适合他们的学习方法。

所以，教师在设置探究活动的时候，要注意设计针对不同层次的目标和任务，探究中的师生互动也应该考虑到学生之间个体的差异而进行分层设置。教师对学生的评价不能只用一个统一的标准来衡量，而是让学生与自己进行纵向比较，只要学生在自己原有基础上有所提升就要及时给予表扬和鼓励。用这样的方法给与数学差生足够的肯定和关心，让他们有继续努力的信心和动力，让每一个学生都能体验到成功的喜悦，最大限度地激发学生主动探究的兴趣。

随着历史车轮的滚滚向前，现在的人类社会已进入了知识爆炸的信息时代。计算机的产生和普及已使现代人才的需求由知识型向技能型转变。数学，作为自然科学之母，又是新科学新技术的基础学科，数学人才的培养教育方向也相应地发生了的巨大的变革。由过去那种重知识轻能力，过分强调“量力性”“可接受性”原则，培养出来的学生远不能适应现代科学变革时代的需要。所以，这就要求当今的数学教师应以学生为主体，培养数学能力为根本目的，在教学过程中深入开展数学思想与方法的研究，并探讨其产生与发展的规律，改变中学数学教学中的弊端，善于引导学生掌握汲取知识、形成知识的数学思想和方法，注意启发学生的创造性思维以及主动发现真理、寻找真理的意愿，使过去的“要我学”变为“我要学”，培养“创造”“发现”型人才以适应时代的需要。“能力型”人才不仅要求具备较强的逻辑思维能力，还要求拥有敏锐的非逻辑直觉思维，鉴于在以前数学教学中多强调逻辑能力的培养而忽略创造性思维的开发，因此我在日常教学中多注意以学生为主体，培养学生的数学兴趣及探索创造精神，积极开展数学问题的讨论，创造有利于直觉思维的教学环境，在高中数学选择题及推理证明题的讲解中，对学生进行预测、猜测的训练；在高中《立体几何》的教学中，由于需要培养空间想象力，通过计算机辅助软件加强学生右脑的开发使用，在图形添加辅助线等方面提高了学生对图形问题的数学敏感度，而进一步突出了直觉思维。通过对学生创造性直觉思维的培养，增强了学生数学学习能力，引发了学生的学习兴趣，学生的数学成绩在高考中普遍得到了提高。下面就来详细谈谈如何发挥学生的主体地位、培养数学创造性直觉思维。

在培养创造性人才所必须进行的数学思维培养中，不光要注重逻辑思维的培养，也要注重非逻辑思维(形象思维、直觉思维、数学美感等)的培养，因为这种思维方法它不受某种固定的逻辑模式的限制，因而有其鲜明的灵活性与创造性，常常成为提出数学新思想、创立新理论的重要工具，是数学创造的另一个重要因素。而在非逻辑思维的培养中，直觉思维的培养又占有较重要的地位，因为直觉在创造中是一个有重要作用的创造心理因素，对于数学直觉的探讨和培养，有助于学生充分发挥其主体地位，提高其创造能力。我们来看一下什么是直觉和数学直觉思维。

一、直觉和数学直觉思维的含义

(一)什么是直觉

直觉是在科技创造中的重要心理因素。人们自觉地认识直觉,掌握直觉的特点和作用规律,对其发明创造颇有意义。很多著名科学家,如爱因斯坦、庞加勒等人都在自己的科学经历中体会到直觉的作用。伟大科学家居里夫人的最伟大功绩——证明放射性元素的存在并把它们分离出来。所以成功,也是和直觉分不开的。

(二)数学直觉思维的含义

数学直觉思维就是人脑对数学对象及其结构的一种迅速的识别、直接的理解、综合的判断,也可以说是数学洞察力。我们来举个例子看看:

例题:若动圆与$(x+2)^2+y^2=4$外切,且与直线$x=2$相切,则动圆圆心的轨迹方程是:

A. $y^2+8x=0$　　B. $y^2-8x=0$

C. $y^2-12x+12=0$　　D. $y^2+12x-12=0$

我们先来分析一下:解答这种类型的选择题,可以通过直觉思维发挥题给条件与各选择支之间的因果关系,对各选择支进行比较,排除错误的选择支。

如图可知:(1)(0,0)不是动圆圆心;(2)点(1,0)在轨迹上;(3)动圆圆心不在直线$x=2$上;第四,动圆夹在定圆与直线$x=2$之间,做轨迹曲线开口向左。

从而，由（1）排除AB；由（2）排除AB；由（3）排除BC；由（4）排除BC。通过直觉（1）（3）或（1）（4）或（2）（3）或（2）（4）可做出选择：该题的正确答案D。由此可见，直觉思维有助于创造性数学理论的提出和数学思维方法的形成。

二、直觉思维的作用

法国数学家庞加勒曾指出："逻辑是证明的工具，直觉是发明的工具。"数学家们十分重视直觉思维在数学研究中的作用，把它视为数学创造的重要工具。

（一）提出新的概念

直觉思维的运用可以促进提出数学新概念和新理论，提出新的数学思想。特别是当逻辑思维方法无能为力时，常常靠直觉来洞察本质直达核心。例如，直觉思维在创立非欧几何中发挥了重大作用。19世纪俄国数学家罗巴切夫斯基和德国数学家黎曼，在企图证明欧几里得的第五公设过程中，没有局限于用形式逻辑思维方法去思考，各自凭借思维的洞察力，凭直觉提出有关平行问题的两种不同公理，从而建立了非欧几何、罗氏几何和黎氏几何。

（二）正确的选择作用

凭直觉思维可以在数学创造中进行正确的选择，提供解决办法。这里所说的"选择"包括，选择突破目标，选择研究方法和研究策略，选择解决问题的思路，选择最佳方案等。例如，微积分的计算。求导数时，只要像做四则运算一样运用有关的几条规则就可以了，这里应用的是逻辑思维。但计算积分时，没有一般的规则可循，除了一些有关手段和方法的知识可以运用外，全凭直觉和经验来从各种可能的解决途径中选择捷径。

在中学数学教学过程中，直觉思维也起了不可忽视的作用。在概念形成过程中，直觉的洞察力很重要。例如，在学习“异面直线”的概念时，学生易把分别在两个不同平面内的直线，错误地认为是异面直线，这就是由于缺乏对概念的本质属性的直觉洞察力与判断力。在推理判断过程中，有的学生由于缺乏必要的直觉的判断和想象，不能将积存在大脑里的思维元素充分调动、组合、变换，迅速地做出决策。直觉思维在搜索发现数学解题途径的过程中也起重要作用。

直觉的形成离不开思维的迅速概括与高度的浓缩，因此，解题中直觉思维的形成常常是多种逻辑思维方法的综合转换、反复应用、高度压缩产生质变的结果。例如：设单位正方形内有任意的五个点，试证其中至少存在两个点，它们之间的距离不大于$\frac{\sqrt{2}}{2}$。解本题的关键是用抽屉原则。把这个问题与抽屉联系起来，这个过程要借助直觉来判断。

证明：把单位正方形平均分成四个边长为$\frac{1}{2}$的小正方形（即抽屉），则必有一个“抽屉里至少有两个点，因为一个正方形中，任意两点间的距离以对角线长为最长，而小正方形的对角线长为$\frac{\sqrt{2}}{2}$，因此这两点间的距离不大于$\frac{\sqrt{2}}{2}$”。

从这里我们可以看出直觉在科学创造中发挥了重要的作用，而对于未来创造性人才的培养，在中学教学中，一定要加强数学直觉思维的培养和训练。

三、直觉思维的培养

（一）培养学生的数学兴趣及探索创造精神

我们知道直觉是要经过艰苦的思索、研究才能产生的，而长期从事这类工作，就需要对数学抱有高度的热情，对学习的主动精神及对创造的积极探索。换言之，只有具有了这种精神，才可能会投身于数学思考中，才有可能取得直觉思维的成功。

（二）重视直觉思维的同时也应重视学生逻辑思维的培养

有人认为，直觉是“逻辑的简约”，逻辑的“跃进”，这都是说明逻辑是直觉的基础。直觉的结果是否正确需要逻辑的检验，逻辑活动为直觉提供了必要的、可靠的“反馈”，起着调控直觉的重要作用。所以教师在对学生进行直觉非逻辑思维训练的同时，要加强其逻辑思维能力的培养。

（三）积极开展讨论活动

直觉的产生要有大量的信息作为基础，教师要培养学生的直觉思维，应多组织学生进行讨论、漫谈、听取报告会等，充分调动学生主体，由他们自主学习研究，筛选知识和获得的信息，取其与思考的题目相关的信息，来启发思维，促进直觉的产生。

（四）给学生创造利于直觉思维的环境

要培养学生的直觉思维，就要给学生创造有利于学生启发直觉思维的环境。那么，怎样的环境有利于学生发展直觉思维呢？简言之，就是开放、活跃的以学生为主体的教学气氛和师生之间和谐的关系。活跃的教学气氛有利于学生发挥自己的想象力来提出问题，并根据自己的研究提出解决问题的方法，对于学生的问题、方法，教师不应因其存在错误进行嘲笑或不予理睬，而应给予鼓励，帮助其分析，引导其思维，给学生以积极思考的环境刺激，充分调动其学习的积极性。这样，学生们都会勤于思考，热衷于思考，于是就有利于发挥学生的主体地位，促使直觉在思考过程中的产生。

（五）对学生进行预测、猜测的训练

直觉思维中预测、猜测为一种重要的形式。教师应在教学过程中，尤其在数学的标准化题目及有些概念、定理的结论推断中，尝试着让学生通过进行一些逻辑的简便分析进行非逻辑的直接预测、猜测，从而提高学生的直觉思维能力。

（六）根据学生大脑思维能力的特征适当减少作业量

目前，为了提高分数而片面进行的题海战术对于提高学生的思维能力尤其是创造性直觉思维没有太大的帮助。基于此，教师应在学生的课后习题布置上，适当减少重复的题目，布置一些有思考余地的、趣味性较大的习题或思考题来训练学生的直觉思维能力，使学生避免因大量习题而产生大脑的疲惫，丧失直觉产生的机会。

（七）培养学生对右脑的开发使用

右脑是创造力和直觉的源泉。直觉的产生，首先要求右脑直观的、综合的、形象的思维机能发挥作用，并且要同左脑很好地配合。所以我们欲求不断有崭新的设想产生，不断随着环境的变化而转变自己的认识，必须充分使用右脑，教师就要在教学过程中有意识地培养学生使用右脑，如让学生发挥自己的空间想象力对《立体几何》知识进行学习、用形象思维能力自己解决有关数形结合问题等既训练学生的右脑，又促进其自主学习，加速直觉思维的发挥。

面对教育方向，社会所需人才的类型的转变，培养创造型人才成为当前教育的目标和方向。这就要求我们必须以学生为主体，充分调动学生自主学习的积极性，培养其学习的能力，对创造性直觉思维能力进行适当的培养和启发。

学生的数学学习活动不应只限于接受、记忆、模仿和练习，高中数学课程还应倡导自主探索、动手实践、合作交流、阅读自学等学习数学的方式。这些方式有助于发挥学生学习的主动性，使学生的学习过程成为在教师引导下的“再创造”过程。同时，高中数学课程设立“数学探究”“数学建模”等学习活动，为学生形成积极主动的、多样的学习方式进一步创造有利的条件，以激发学生的数学学习兴趣，鼓励学生在学习过程中，养成独立思考、积极探索的习惯，这样引领学生主体探究的课堂教学，不仅能让学生亲自感受和体验数学知识产生的过程，培养学生克服困难、勇于探索、敢于创新的科学精神和实践能力，更能最大限度地提升学生自主学习意识，让学生感受到数学学习的乐趣。

第三节

合作探究　培养思维

马克思在《关于费尔巴哈的提纲》中指出："人的本质不是单个人所固有的抽象物，在其现实性上，它是一切社会关系的总和。"生命离不开个体与个体之间的交际，社会也离不开人与人之间的联系，人类文明成果的传承也离不开合作。"合作"，是当今的主题词。20世纪70年代，教育家、研究者通过不断的实践与观察、总结，发现合作学习是一种十分理想的教学模式。合作学习是当下中国教育的大势所趋：小组合作学习充分尊重和重视学生在数学课堂中的主体地位，不仅被誉为近十年来最重要和最成功的教学改革、当代最重要的教学理论和策略之一，还顺应了新时代课程改革的要求。

王坦教授认为："合作学习是一种旨在促进学生在异质小组中互助合作，达成共同的学习目标，并以小组的总体成绩为奖励依据的教学策略体系。"在课堂上，教师作为引导者，帮助学生学习数学概念和公式、分析重点和难点的过程中，始终要"提起一根弦"，课程中有没有根据学生的最近发展区设置问题，有没有给予学生自学的时间来进行独立思考，有没有根据学生的学习能力和个人水平来进行因材施教。这些问题始终是每一次课堂教学中需要关注的重点。因此,教师可以尝试引入合作教学,来进行课堂教学的合理调控。

合作课堂是利用学生的自主学习、合作学习、学习反思与提升作为重要途径,以提高教学效率、实现教学目标为导向,在高中数学的课堂教学上,通过合作学习,学生可以根据教学情境进行自主探究,在锻炼沟通能力和协作能力的基础上,培养了学生的创新精神和探究能力。久而久之,这样的互助协作手段从课上延伸至课下,完全可以引导学生学会自主学习,培养探究学习的习惯,全面提升学生的数学素养和综合能力。

不能否认学数学是需要独立思考、深入思考。不同个体间的思想交流,可以增加学生思维的深度,教师应结合课堂教学多组织小组合作学习,引导学生在合作中分享数学思维的果实。合作学习是在自主思考的基础上进行的,如果没有学生个体的独立思考,就不能产生对知识的理解、感悟,也不能发现问题,提出疑问,这样的“合作”就会流于形式,变成学生之间简单的对对答案。为此需要教师在设置合作学习内容时,注重设置有层次、有梯度的问题,引领学生思维方向,启发学生探究问题的实质。教师可以利用学案等方式创设问题情境,师生间、生生间在探究的学习氛围中形成合作分享,思维碰撞产生火花的学习氛围。

学习是一种个性化行为。作为教师,应当在课堂教学环境中创设一个有利于张扬学生个性的“场所”,让学生的个性在宽松、自然、愉悦的氛围中得到释放,展现生命的活力。教学的目的是让学生掌握知识,发展能力,这就要求我们在课堂教学中必须以学生为中心,充分体现学生的主体地位。但是大多数教师往往不愿意做出改变，这里主要有两个原因。一方面，课堂教学模式的改变需要教师更详细的分析学情，并根据学情针对不同课型探索实践不同的模式，这无疑会大大地增加教师的工作负担；另一方面，高中数学课堂容量较大，大多数教师担心把学习的主动权交给学生，会产生诸多不可预料的情况，造成教学任务完不成，影响教学进度。殊不知，越是满堂灌式的教学越会造成学生的状态疲劳，往往把理科学习转化为了被动的记忆，学习效率不高，自然也就不能成为一节好课。

笔者在教学一线的不断实践中总结出，可以根据高中不同年级学生的年龄和心理特点采用不同的课堂教学模式。例如，高二年级的学生，思维活跃、师生关系和谐、配合日趋默契、学生逐渐适应了该学段的学习。但是该学段学生的成绩差距会逐渐加大，学生也容易在心理上受到更多因素影响，反映在学习上表现为成绩不稳定。教师应运用更加灵活的教学方式引导学生逐渐改变被动依赖教师的学习方式，而是通过独立思考，主动的学习知识。由此，在学校“选择性教育”理念的指导下，笔者开始在课堂教学尝试带领学生小组合作学习。

首先就是分组环节。第一次实践，我按照学生的座位，将他们就近随机分为四组，并选择了四道综合性较强的求轨迹问题作为任务，让每个组自己安排时间完成，然后各组分题汇报。

如已知$\triangle ABC$的顶点坐标分别为$A(3,4)$，$B(6,0)$，$C(-5,-2)$，则内角A的角平分线所在直线方程为___。

本题主要考查了点到直线的距离公式，直线的一般方程。设$P(x,y)$为射线AT上的一个动点，则点P到直线AC，AB的距离相等。先求出直线AC，AB的方程，由点到直线的距离公式即可求解，本题属于直接法求轨迹方程。

已知线段AB的端点B的坐标是$(3,4)$，端点A在圆$(x+2)^2+(y-1)^2=2$上运动，则线段AB的中点M的轨迹方程是______。

本题解题思路为：设出A和M的坐标，由中点坐标公式把A的坐标用M的坐标表示，然后代入圆的方程即可得到答案。本题考查了代入法，属于间接法求轨迹方程。

若动点$M(x,y)$到点$F(4,0)$的距离比它到直线$x+5=0$的距离小1，则点M的轨迹方程是________。

本题解题思路为：依题意可知点M到点F的距离等于点M到直线$x=-4$的距离，因此可判定其轨迹是抛物线，算出p的值，判断焦点位置，得到抛物线方程。本题考查圆锥曲线中的轨迹问题及抛物线的定义，属于定义法求轨迹方程。

直线l交椭圆$\frac{x^2}{4}+y^2=1$于A，B两点，线段AB的中点为$M(1,t)$ $(t\in R)$，直线l'是段AB的垂直平分线，若$OD\perp l'$，D为垂足，则D点的轨迹方程是________。

本题解题思路为：设出A，B两点的坐标，利用韦达定理即中点坐标公式，可得直线AB的斜率，再根据两直线垂直时，斜率相乘为-1，可计算出直线l'的斜率，再利用点斜式求出直线m的方程，进而得出直线l'也过定点$(\frac{3}{4},0)$，利用点D在以OE为直径的圆上，可得点D轨迹方程。本题主要考查轨迹方程求法，直线与直线、直线与圆锥曲线位置关系，椭圆弦中点的问题。

针对这几个问题，各组采用的方法都是先各自思考、尝试解决问题，在大约15分钟后各组才开始有讨论的声音。这个过程中，我在各组之间巡视，适时点拨。在大约持续了10分钟的讨论和交流后，我开始安排各组上来汇报。在汇报时，我要求不仅要将解题思路、解答过程说清楚，还要分析出题目的考查角度。

由于是第一次实验，学生没有做规划，基本都是临近的两个人进行讨论，互相讲题，也就算是同桌讨论，体现不出小组学习的优势。后面各个小组汇报的时候也形式单一，都只是站在讲台上给我讲题，距离理想的小组合作学习效果还有很大差距。虽然形式仍过于呆板，气氛也不够活跃，但是课堂形式的改变已经让同学们兴奋起来。在发言时以小组为单位推荐也从一个方面提升了学生们的积极性，两节多课的时间解决了四个典型问题，看上去似乎花费了太多时间，但是几乎每个学生都在主动学习，学习效果不错。

课后，我首先与课堂表现不同类型的学生分别进行了谈话。其中自主或者被推荐上来分享的学生明显学习效果好，也更喜欢这种课堂模式；在小组内积极参与交流的学生也得到了解题能力的提升，但是认为学生自己讲解不如教师讲得准确和细致；另外还有大约四分之一的学生，由于自身知识基础和性格等原因，在课堂学习中始终处于被动状态，在同学进行分享时更多的只是将答案记下来，并没有形成自己的知识体系，与传统的教师讲授的学习效果几乎没有差别。同时，除了第一类学生以外，大多数学生都认为这部分内容教师后面肯定会重新讲授，所以在听同学讲解时并没有做到思维训练，更多的是一种对形式上的好奇。

在分析汇总了学生的反馈后，我进一步总结了此次教学实验成功与失败的经验，然后利用晚自习的时间向学生们详细说明了小组合作学习的意义、目的和预期效果，利用课后时间结合此次实验对学生的小组学习进行了指导，在第二次的课堂实践中，小组合作学习的效果有了很大提升。

第一步是分组环节，可以根据学科特点多角度分组，例如，组内同质、组间异质，或者组内层次均衡、组间平均等特点。我采用的是由学生推荐和我指定相结合先确定了四个小组的负责同学，然后让学生自己报名组建小组的办法，这样，能保证每个小组内学生间的关系亲密，能保证交流讨论的顺畅。

第二步是布置任务。在布置任务环节，注意选取适合小组合作探究的主题，如典型方法的学习、一题多解问题等，这样的主题有助于发挥小组合作学习的优势，引发学生探究、交流的学习兴趣。

第三步提前明确组内分工，不能简单聚在一起讨论，然后每次都推出乐于发言的同学进行交流，这样无法实现组内每名学生的提高。要设定小组合作交流的主持人、记录员、发言人等分工，让每个组员都有自己的工作任务，都能主动参与到小组学习中，并适时调整、变换，全面提升每名学生的能力。

第四步要在独立思考基础上进行组内交流、组间分享。这一步的关键是要在每名学生对问题充分独立思考的基础上再开始组内交流讨论，只有先对问题进行了独立思考，才能清楚自己的问题在哪里，带着问题开展讨论、交流才能有的放矢、达成目标。

第五步是在每次小组合作学习后，要及时组织学生进行组内自评和组间互评，尤其是要提倡在组间评价时将组内成员的表现和成果捆绑式评价，这样就可以在提升每个学生学习能力的同时培养学生的团结意识和集体主义精神。

基于此，在第二次小组合作学习的课堂教学中，我让确定的组长提前一天领取任务，组长进行任务分工，让每个组员都能有自己的工作任务，在课上组长结合本组负责的题目特点安排发言同学，这次上来发言的学生状态已趋于自然，在我的提醒下，也渐渐让自己站在了小老师的位置。任务完成后我又让每个组进行了学法总结，让小组学习同伴互助提高了学习效果。最后我又给每个小组出了几道习题，限时答完，以组内总分进行评价，激发学生逐渐形成小组学习的团队意识。

实践证明，这次小组学习，课堂上学生们积极参与，讨论热烈，交流分享发言质量高，课堂反馈，知识和方法掌握效果较传统学习方式有了很大的提升。小组合作学习、自主探究等活动的开展，培养了同学们对数学问题的解决能力和创新思维，同时也提高了同学们的分析能力和综合应用能力。

高中学习能力提升工作的重点任务是：学习方法的转变、学习习惯的养成、学习信心的建立。要让每个学生明确要有合理可行的学习计划，做好每一天的时间分配，要寻求适合自己的学科学习方法，要勤奋刻苦地学习。除此之外，也可以开展各具特色的学科活动，激发学生兴趣，组织学习方法指导的讲座，让学生学会怎么学，反思怎样学才能事半功倍、提高学习效率，进一步培养学生学习的主动性和自觉性。

为着力克服“唯分数、唯升学”倾向，切实提高全面育人水平，增强学生综合素质，教育部出台的《普通高中学校办学质量评价指南》中强调学生的发展要“能够独立思考，善于合作学习”“有自主探究和发现、解决问题的意识与能力”，这些都离不开合作探究课堂。师生共生共长课堂中所强调的合作学习，是国家新课程改革大力宣传、鼓励、支持的学习方式之一，也是顺应世界教育改革潮流的选择。合作的课堂有利于学生个人素质的培养，对我国人才政策的实施大有裨益。实际上，随着时代的不断前进，“合作”已经不仅仅是一种学习模式、学习方法，更在逐渐成为现代人才工作、生活、学习的常态。

第四节

共同感悟　文化提升

新课改要求教学活动是师生积极参与、交往互动、共同发展的过程。有效的教学活动是学生学与教师教的和谐统一，学生是学习的主体，教师是学习的组织者、引导者与合作者。教师要更新数学教学观念，在课堂教学中注重激发学生兴趣，积极开展数学活动，引发学生数学思考，培养学生创造性思维。这需要教师在日常教学中不断反思，实践探索，深入挖掘教育价值、思想价值都比较高的例题、考题，把基础数学教育引向深化。

而这正需要在教学过程中实践师生共生共长的教学方式。师生共生共长课堂中的教学方式应该是师生互相理解、积极互动、共同创造的。教师精心设计教学内容，根据学生的课堂和课后反馈调整、优化教学设计，同时在学生提问题的过程中查漏补缺发现自己专业知识上的漏洞、欠缺，进而不断充实自己；学生积极参与课堂教学，勤于思考、勤于发问，加深对知识的理解。在这样的课堂上，一个问题不仅仅只是一个题目，更是师生之间灵感迸发的源泉。

随着社会的不断进步，科技的发展，以及媒体等多方面的影响，现在的学生已不是过去那种对老师所说的话全盘接受，对老师所提的要求全面服从的“乖宝宝”了，他们中很多学生都拥有一些自己的观点和认识，虽然这些观点有一大部分存在着偏差和浅薄，但他们往往很坚持自己的看法。而这些观点一旦和教师的要求相矛盾，势必会影响师生的关系，如果教师处理不好，就会影响教育的效果。

笔者曾接过一届高一学生，通过短暂的观察和接触后发现班内有一名男生小B在学习上有自己的一套方法，在班内的工作上也很积极肯干，和同学关系融洽，但在对待老师的态度上有些冷漠，甚至有些逆反。

在一次班委会上，我就开学以来在教与学的过程中同学们的反馈意见，班委们纷纷发言，其中有一些同学对某些老师的教学方法，提出了自己的意见和建议，我们一起分析了同学们还不太适应某些教师教学方法和习惯的原因，并制宁了下一步的工作方案，现场的气氛非常活跃。这时，他站起来发言，他首先用很不客气的语言将某些教师的教学评价一翻，列举出他发现的问题，进而更是对现代教育中的一些不良现象发表了他的“高论”，在他眼里，仿佛所有教师都是一样问题多多。由于他言辞的犀利和态度的“恶劣”，我当时就没有冷静下来，而是从各个角度反驳了他的观点，并用一些大道理教育了他一顿。由于我的气势，他当时没有再说什么，可是我感觉到他其实并没有被说服。

在随后的班会上，为了调整师生之间的关系以达到很好的教学配合，我大举实例来说明只有适应老师、配合老师、尊重老师，才能取得好的学习效果。会后，他急匆匆地找到我，又一次对我的观点提出反对意见，并再次用他所知道的反例来试图说服我，结果我们不欢而散。这以后的一段时间里，他对我的态度更加冷漠，在我的课上也失去了以往对知识的热情，使得考试成绩很不理想。

后来，在一次和他家长的交谈中，我无意中得知他原本是一个很愿意和老师交流的孩子，性格也很活泼。但是在初三的时候，一次误会使老师冤枉了他，并且没有给他任何机会辩解，就用教师的威严解决了问题，给了他很严厉的批评，还请了家长。这件事对他打击很大，从那以后，他改变了对老师的看法，也因此而影响了对学习的劲头，在初三的后半学期成绩一路下滑，最后中考成绩也不很理想。

知道了这个原因以后，我冷静的反省了自己对他的态度，决定主动找他好好谈一次。于是，有一天放学我叫他一起走，从时事、娱乐、爱好谈起，先打消他对我的戒备，再耐心虚心的向他征求对班内工作及我个人教学的意见，并就以前我态度上的问题诚心地向他道歉。这样做，使他非常惊讶，也有些感动，但并没有彻底融化我们之间的坚冰，我也没有急于求成。

接下来的日子里，只要有机会，我就很平等地和他沟通交流，在尊重他的观点的基础上，坦诚地说出我的看法，把以上压下生硬的教育变成谈话式和谐、轻松的潜移默化。久而久之，他乐于和我诉说他的想法，甚至是他的一些"秘密"，他对老师的看法和态度也有了巨大的转变，我们也成了很好的朋友。最重要的，是他的学习热情非常高涨，成绩稳步提高。

经过了三年的配合，他最终在高考中取得了优异的成绩，完全弥补了他中考的失败。

通过这个例子，我们可以看到良好的师生关系在教育中的重要性，而要建立这种关系则需要教师有细致的观察力，宽容的胸怀，平等的观念和诚恳的态度，还要有足够的耐心，只有具备了这些，再加上一颗爱学生、爱教育的心就一定可以和学生之间形成和谐的师生关系，获得教育的成功。

学生在学习的初期往往都会有很好的愿望，树立充分的信心，但是随着在学习过程中遇到困难，遭受挫折，信心就会渐渐减退，而影响其学习的动力和兴趣，甚至会使学生产生放弃的想法。这种情况在毕业年级的一部分中后学生中常常会出现，尤其要引起教师的注意，要尽快想办法帮助学生走出低谷，建立自信。

有一年，我所任教的高三三班进入了最后的高考冲刺，强大的学习压力和紧张的学习氛围下，每个同学都满怀信心的努力着。班上有一个女孩子，在高中前两年的学习中，十分用功，但是因为思维速度等原因，理科成绩始终不很理想，处于中等水平。进入高三后，从第一天起，就可以看出她在理科上非常努力，课上认真听讲，课下她也克服了腼腆的性格，加强提问来与老师的交流。可是第一次月考成绩下来后，她的理科成绩毫无起色，还由于时间安排不均，使得原本较好的文科成绩也下滑了，她十分伤心。我在和她谈话时，肯定了她勇于发问的学法，并鼓励她一次没考好不能说明什么，要继续努力。

终于，她渐渐摆脱了伤心，又投入了紧张的学习。然而，第二次月考她仍然没有太大进步，只是稍微前进了两名。这一次，她遭受了很大的打击，有些彻底失望了。尤其在理科学习上，她几乎要放弃了，不再问问题，甚至连作业也开始拖拉。我又一次找到她，和她做了一次长谈，我帮她分析了她理科学习存在的问题，包括学习方法上和她前两年遗留的基础问题，又利用数学试卷具体剖析了这一科她的薄弱环节，我还和她一起对她学习时间的安排进行了调整，重新制订了计划，并告诉她学习是一个漫长的过程，成绩的提高绝不是一两天的功夫，只要方法得当，勤奋努力，就一定会有所收获。

通过这次交流，她又重新燃起了希望，开始新一轮的奋斗，但是我仍可以感觉到她的信心还不是很足，在理科学习上，还是不太相信自己。于是，我在以后的教学中利用一切机会，帮她建立信心。每次课上做练习时，只要看出她有一些思路，我就一定给她机会发言，并大加表扬；课下当那些学习较优秀的同学和我研究问题时，我也总是叫上她参加；而以后的月考，哪怕她仅仅提高了一名，我也会大大地给她鼓励，我告诉她，成绩的提高并不会是一步到位的，如果每次考试你的成绩都在稳步上升，即使幅度很小，也说明你的学法正确，能力在增加，水平在提高，坚持下去，一定会有个飞跃。

就这样，每次月考、统考、模拟考后我都一次次的给她鼓劲，帮她分析总结；平时教学中不放弃一次机会对她给予肯定，帮她建立信心。终于，在第二次模拟考时，她的成绩有了很大的进步，一下子考到了班里的中上游。这使她更增添了信心，最后在高考中取得了很好的成绩，被一所重点大学录取。

教育心理学理论中，特别强调学习兴趣，学习动力的作用。在学习心理上，没有自信心就会使学生失去学习的兴趣，产生懈怠，放弃的效果。特别在毕业年级，教师应抓住一切机会对这些学生加以肯定，给予鼓励，并在学法上给予指导，使其建立自信的良好学习心理，以获取学习的成功。

在师生共生共长课堂的活泼氛围中，学生对数学学科的兴趣会大大提高，在一个个谜题的解决之间真切地体会到数学的价值与独特魅力，而学生们的奇思妙想和体现出的无限潜能又能深深打动教师，点燃教师灵感的火花。这样的共生共长课堂上，师生之间不仅仅是传授知识与接受知识的关系，更是一种共同感悟和享受学习的交流过程，是教师和学生共同成长、互相成就的过程。除了育人这个层面，课堂上的共同成长也包括育心。随着社会的日益发展，社会问题的增加势必引发更多的教育课题。师生之间如何共同提升，是一个需要我们一线教师一起努力，并持之以恒地思考、总结、实践的过程。相信随着越来越多的人加入这个行列中，师生共生共长课堂定能发挥其独特的魅力。

第三章

自我修炼：

师生共生共长课堂对教师的要求

百年大计，教育为本；教育大计，教师为本。数学新课程改革把教师能力与素养提到了一个新的高度，有计划、有目的、有组织地分阶段提升每一位数学教师学科素养是提高教学质量的关键要素。教师团队的整体水平是一所学校教学水平的代表，是教育教学质量的重要保证，是影响学生未来发展的决定性因素之一。目前，如何提升高中数学教师数学专业素养，已经成了数学教师教育和专业发展领域备受关注的焦点。

要提高教师数学专业素养，首先需要明确高质量数学教学对教师数学专业素养的要求。一方面，教师专业知识与高中数学教师教学能力存在显著相关关系，打铁必须自身硬，一名优秀的教师应当以努力奋斗、坚持不懈的精神，不断提升教育教学水平、扎实专业知识；另一方面，信息时代的到来在一定程度上改变了传统教学模式，信息技术应用能力已成为新时代高素质教师的核心素养。因此，当今高中数学教师要加强对自身的信息素养的培养和锤炼，紧跟时代浪潮，树立终身学习的理念。

第一节

底蕴：明确执教初心，完善教师基本素养

教师的职业素养主要包括四个方面内容，即道德素养、知识素养、能力素养和心理素养。其中道德素养是非常重要的一点，一个优秀的教师需要具备良好的心理素质，专业的知识储备与语言表达、教育教学、组织管理、自我调控和自我反思等能力。核心素养是指最关键的素养，教师的核心素养应当是什么？师德。师德是教师的灵魂，是教师人格特征的直接体现，一名好老师既要是经师，更要是人师。党的十九大报告明确提出，加强师德师风建设，培养高素质教师队伍，倡导全社会尊师重教。

对待事业方面——忠诚于人民的教育事业。要成为一名合格的老师，首先要做到忠于人民的教育事业，要做到依法执教，严谨治教；爱岗敬业，廉洁从教。

对待学生方面——热爱学生。作为老师，热爱学生是教师忠诚于人民教育事业的具体表现。具体来说教师必须做到全面关心学生；尊重和信任学生；严格要求学生；理解和宽容学生；解放和放飞学生。

对待集体方面——具有团结协作的精神。教师应该具备团结协作精神，与同事之间要相互支持、相互配合；弘扬正气，摒弃陋习。

对待自己方面——以身作则，为人师表。由于学生具有向师性，教师劳动具有示范性特点，因此在教育教学中教师要严格要求自己，给学生树立良好的榜样。

在基本素养中，学科素养不能决定教师优秀与否。教师的道德素养比文化素养更重要。教师的第一专业是师道，而师道的核心是对学生发自内心的爱。当然，空有德行而无能力也无法成为一名合格的教师，故，伟大的师德要充分发挥作用，必定要建立在具备一定的基本素养或基础素养之上。

什么是教师的学科素养？学科素养是指所具备的为满足工作需要的基本的素养。它是通过长期的经验积累所形成的逻辑思维能力，通过这种逻辑思维达到一定量的知识储备，从而提升自身的教学能力，使教学经验不断完善和提升，并最终达到教学目标。对于教师的专业知识，一般分为三类，第一类是教师应具备的基础性知识，也就是所教学科的教材知识。第二类专业知识是教师在实际工作中总结的工作经验以及深厚的数学文化底蕴。第三类专业知识是指教师的教育学、心理学知识，这是教师从教应具备的基本常识。教育学、心理学知识虽然在授课过程中所占比重不如教材知识重，但教师专业知识是指三类专业知识的整合。想要成功实践师生共生共长课堂，教师就应该在这几个方面谋求多维度全面发展，提高自己的能力。

高中数学作为高考的主要科目，在新高考政策下更是两门最后“一考定音”科目之一，教师、学生、家长的重视程度非同一般，同时《普通高中数学课程标准》有了调整，知识内容多，思维培养任务重，加在学生和教师身上的压力就更加重。在高考改革的背景下，走班制的试行，分层教学、分区教学的实施，教育信息化对课堂教学的影响下，传统的教学模式下“加班加点”“题海战术”不能再实现培养学生思维、提升学生能力的教学目标。教师应该消除思想上的模糊认识，进一步确立科学的质量观，坚持以教学为中心，毫不动摇地抓好日常教学工作，认真上好每一节课，以学生为本，变教师教好为学生学好，以实现减轻学生过重课业负担，提高教学质量的目标，促进学生创新思维的发展和创新技能的形成，促进学生和谐健康成长。

《中共中央国务院关于深化教育教学改革全面提高义务教育质量的意见》中进一步提出“强化课堂主阵地作用，切实提高课堂教学质量”的要求，进一步明确了课堂教学对于深化教育改革，提高教育质量的重要作用。美国学者马莎莉认为：“教学艺术只有在课堂教学的实践中才能真正学到。”实践是认识的来源，所谓“纸上得来终觉浅，绝知此事要躬行”，教师主体自身的教学实践也是教师提升自身素养的重要途径。在课堂上，通过观察学生的学习情况、获取学生的学习反馈，教师可以反思自己教学活动中的不足，进而调整教学方案与方法，积累宝贵的教育教学经验。此外，教师也不能忽略向同事“取经”这一办法，通过观摩优秀教师示范课、向优秀教师请教经验，能吸取可供借鉴的教学思路，互相评价、互相帮助，达到“一加一大于二”的理想效果。

新时代，教师面临着新的神圣使命，肩负党和人民的重托，这也对教师提出了更高的要求。一名人民教师，生于人民、服务人民，要主动担负起塑造灵魂、塑造人、塑造生命的重大使命，履行好传播知识、传播思想、传播真理的神圣职责。习近平同志强调，要求全国广大教师做“有理想信念、有道德情操、有扎实学识，有仁爱之心”的“四有”好老师。他倡导教师要做好“引路人”“广大教师要做学生锤炼品格的引路人，做学生学习知识的引路人，做学生创新思维的引路人，做学生奉献祖国的引路人”。一位真正关爱学生的教师，才有引导学生自主探究、合作参与的耐心与细心，才能以丰厚底蕴搭建起师生共生共长课堂。

第二节

实力：扎实专业能力，提升教育教学水平

教学是为学生服务的，最终目的是为了使学生获得知识、收获成长，教学效果并不是单纯体现在学生掌握知识与学好当堂内容的“近期学习效果”上，更不是只体现在学生的考试成绩上，最值得关注的还是学生获得发展的“远期学习效果”上。教师必须认识到，真正决定数学教学效率高低的是学生实际获得了什么发展。因此，想要构建起高中数学师生共生共长课堂，就要致力于提升教育教学水平，研究多种多样、灵活多变、适合教学内容的教学模式与方法。

教师的专业能力培训是加强教师队伍建设的重要环节，是推进素质教育，促进教育公平，提高教育质量的重要保证。近年来，各地各校积极采取措施加强教师培训，教师队伍建设取得明显成效。

新的《普通高中数学课程标准》发布，强调提高学生数学素养。而教师本身要扎实专业能力，自觉学习现代数学知识，掌握现代化的数学教学手段，努力成为既能圆满完成高质量教学工作，又对数学知识有透彻理解、可以从事数学与数学教育科研的现代教师。

让课堂生长的前提是，教师要理解课标和教材，了解学生的状况，关注学生的发展。了解学生已有什么？学生已有的就不要再讲了。学生缺什么？学生缺的这些，在学习过程中，会对学生产生哪些困难和障碍，这些困难和障碍是什么，学生个体之间的差异是什么，怎么利用这些差异去教学？教师只有了解了这些，然后去关注学生的成长和发展，教学活动才能够做到有的放矢。

了解学生有两个层面的含义。第一个层面是了解学生在这个年龄段所共有的身心特征、思维发展、知识水平等。第二个层面是了解班上每个学生所特有的身心特征、思维特点和知识状况。也就是说，第一个层面是共性的，第二个层面是个性的。

根据维果茨基的"最近发展区"理论，教育对学生的发展起到主导和促进作用。也就是说，最近发展区是学生在有指导的情况下，借助成人帮助所能达到的解决问题的水平与独自解决问题所达到的水平之间的差异，实际上是两个邻近发展阶段间的过渡阶段。

把握"最近发展区"，能加速学生的发展。我们的教学活动只有发生在学生的"最近发展区"内才是有效的，超出这个"最近发展区"，教师无论讲再多，学生也理解不了，教学是无意义的。因此，教师的任务是利用"最近发展区"理论，帮助学生由现有的水平提高到可能达到的水平。教师要真正地了解学生、了解教材，然后再去了解学生和教材之间的差距。教师要思考这个差距之间有哪几个障碍点，这些障碍又怎么化解，怎样才能让学生不费力地跨过去。

一般来说，维果茨基的"最近发展区"理论是指学生的智力发展，实际上在学生成长的各个方面均存在"最近发展区"。在教学过程中，找准学生的最近发展区设置探究活动，可以更有效地激发学生自主学习的热情，提升教学效果。

高中数学本身是一门思维性和逻辑性较强的学科，在锻炼学生的思维能力上有学科先天的优势，然而在以往传统的教学过程中，教师的教学重点往往只集中在自己的讲授上，这样学生很容易养成只听讲而不思考的坏习惯，逐渐丧失对数学学习的积极性。师生共生共长的课堂往往伴随着探究开展活动，而学生要完成探究活动，需要教师布置适当的探究任务。在布置探究问题的时候，教师首要考虑的就是要契合学生的最近发展区，要了解学生的心理发展规律，在目标的设置上要考虑到学生已有的认知水平和知识储备，这样才能创造起热情活泼的课堂氛围。

信息技术的发展不仅改变了人们的生活，也对传统学习方式造成了巨大影响。大数据、人工智能等新技术变革为课堂模式的创新提供了新的可能性。教师队伍建设是教育信息化可持续发展的基本保障，信息技术应用能力是信息化社会教师必备专业能力。多媒体的运用可以为高中数学课堂的教学增添新的活力，营造良好的课堂氛围，促进高中数学课堂效率的提升。当然，在运用信息技术的过程中，教师首先需要对多媒体的操作掌握熟练，并精心的进行课程设计，从而改变以往传统的教学模式，激发学生上课的兴趣，改变一些孩子对数学的厌恶、畏难心理，从而最大限度上提升高中数学的教学水平。

史宁中教授曾说，数学学习的最终目标，是让学习者学会用数学的眼光观察世界，用数学的思维分析世界，用数学的语言描述世界。教师作为新课程改革的执行者和实践者，是实现全面的、立体化的综合育人的主力，对学生学习能力的培养、综合素质的提高及新课程的实施都起着至关重要的作用。过去的应试教育以知识、教师为本位，教育部接连推出《基础教育课程改革纲要》和《普通高中数学课程标准》等文件后，全国新一轮教育改革的大幕已经拉开。素质教育以学生为中心，强调培养自主学习、自主探索、创新合作的能力。培养创新型人才，对教师的教育教学水平提出了更高要求。

第三节

突破：发扬拼搏精神，锻炼科研核心技能

“天行健，君子以自强不息。”奋斗精神是中华民族的宝贵财富。习近平同志指出：“我们的国家，我们的民族，从积贫积弱一步一步走到今天的发展繁荣，靠的就是一代又一代人的顽强拼搏，靠的就是中华民族自强不息的奋斗精神。”要建设师生共生共长课堂，同样需要教师发扬拼搏精神，不怕困难、坚持不懈，以一丝不苟的专业态度锻炼科研核心技能，立志高远、积极进取、求新求变，研制、探索、实践新课堂模式。

一、深化集体备课，集合集体智慧

作为促进教师之间交流合作的一种有效方式，集体备课不仅能让教师的人际关系变得融洽，更能促进教师的专业化成长。备课组的建设工作是学校年级教学工作的重中之重，一直以来学校教师不断努力完善备课组工作。制订的备课方针做到一个坚持：坚持备课组长的核心地位，充分发挥备课组长和骨干教师在备课中的带头作用；两个提高：一是提高集体备课的效益，二是要把努力提高课堂45分钟效率作为集体备课的出发点和根本目标；三个备：备

教材、备学生、备教法；四个定：定时间、定地点、定课题、定主讲人；五个统一：统一进度、统一标准、统一内容、统一作业、统一考查。同时突出整体协作，鼓励争优冒尖，一方面鼓励教师倾情奉献，争优拔尖，另一方面，备课组内实施必要的监督，减少非协作性的操作。

二、从学科整体高度理解教学内容

《普通高中数学课程标准》第六部分实施建议中对高考命题建议中提出“高考命题应依据学业质量标准和课程内容，注重对学生数学学科核心素养的考查”，“考查内容应围绕数学内容主线，聚焦学生对重要数学概念、定理、方法、思想的理解和应用，强调基础性、综合性；注重数学本质、通性通法，淡化解题技巧；融入数学文化”。学科核心素养是学科本质与教育价值的体现，是引领基础教育课程改革进一步走向纵深的重要理念与指导方向。数学家*G*·波利亚曾指出：“数学是一门系统的演绎科学，是一门试验性的归纳科学。”著名的数学家弗赖登塔尔也曾指出：“要实现真正的数学教育，必须从根本上以不同的方式组织教学，否则是不可能的。”教师想提高核心科研能力，就要站在学科整体高度上看待教学工作、设计课堂程序。

以函数内容为例，从学科整体高度和思维价值高度深入理解函数、掌握函数，不仅有利于整体把握高中数学知识、促进知识交汇点的融通以及实现能力要求，而且有利于实现考试说明强调的“重视教材，回归教材”，走“以提升能力和知识迁移为核心的，以质量胜数量”的复习之路。

（一）不断深化对函数概念的理解

深入理解变量，促进认识飞跃，实现静态与动态，离散与连续之间的相互转化，让自己从“常量数学”自如地走向“变量数学”。突出关系：已知数与未知数之间的关系是方程；变量与变量之间的相互关系是函数，高中生要学会“函数建模”（建立函数模型）。区分函数与算式：函数知识是多项式、变量、平面直角坐标系及方程等知识的有机整合。要善于用函数的观点认识初中学过的代数知识。算式只是函数的一种表达形式，列表法、图像法等都可以表示函数，找到算式，进而求出函数解析式，即建立了函数模型。此处能力要求高，高中生必须加深理解。紧扣“对应”，理解“映射”，函数就是两个数集间的映射，原象的集合是其定义域，象的集合是其值域，如果含糊一点，再容易的题也会出毛病。熟悉形式化语言，如：数学的抽象性的表现之一就是用形式化的语言表述。$y=f(x)$ 是函数概念的符号化表达。深刻理解 $y=f(x)$ 很重要，复合函数概念由此不难理解。

数形结合认识、掌握函数图像，认识图像变换。对照函数图像，以“对应”的观点和“形式化表示”为核心，来认识函数，这是高中数学的精髓。

（二）构建知识网络，进行数学思维灵活性训练

学习数学应该具有如下过程：先学会从一些普遍现象中抽象理解数学概念，并用严格的数学语言给出定义，再分析其中的基本数学规律用数学公式表达出来，最后给出结论。

数学能力的核心就是数学思维，它直接影响了学生对数学的理解和学习。如培根所言，数学是思维体操。在数学学习过程中感悟数学思想、改善思维品

质是极其必要的。

例如，函数与方程，函数在数学中的应用广泛，可以根据函数的特性，利用数形结合，通过运算或推理找出函数的数量关系等，这其中数学思维起到至关重要的作用。应用函数的导数解决函数的单调性问题是近年考试的热点内容，除了在求极值、最值问题中要熟练掌握之外，在此类综合问题中，运用函数思想解决解析几何、数列等问题中也要灵活运用。

在数学解题的过程中，通过对所给问题的各元素加以充分观察和分析，产生由此及彼的联系，就会构造出相关的数学模型，使问题得以巧妙解决。将方程问题、不等式问题和某些代数式问题转化为与其相关的函数问题，是利用函数思想解答非函数问题的具体实例。

数学学习不是空洞的知识点记忆和大量刷题，一方面，需要将数学的理论学习与应用相结合才能激发学生的好奇心和求知欲；另一方面，要通过数学教育培养学生的创新意识，从而使他们进入创造性想象的思维阶段，使思维进一步提升。在科学技术飞速发展的今天，创新意识和创新能力日益成为国际竞争力和国际地位的最重要的决定因素。而作为现代思维方式的创造性思维是以逻辑抽象为基础的思维，因此有必要让学生在数学理论学习和应用体验的同时，学会更多的理性思考和抽象思维的能力。

荷兰数学家弗登塔尔说：“学习是一个获取知识和能力的过程，它们互相影响不像是协奏曲中的器乐和声乐。它有点像是从内容到形式以及从形式到内容的一种观点的转变，而且导向更高的水平，由学习者经过跳跃，并通过教师的引导而不是拔高的达到尽可能高的水平。”深入消化理解函数的概念，对数学的认识会飞跃，感觉很美妙。若能用数学的三种语言（文字、符号、图形）自如转化，表述各种函数关系，则必能学出高水平。

教育科研知识与能力是教师教育科研素质的重要组成部分，教师要进行教育科学研究、深化教育教学改革，就需要培养其良好的教育科研知识与能力。高中数学教师作为高中教育阶段的关键角色，不仅应具备扎实的专业基础理论知识，还应培养起较高的教育科研知识与能力水平，培养适应时代发展要求的高素质人才。教师要在日常备课与教学问题研讨中注重反映与反思；学校要努力构建目标一致、氛围积极的“教师集体”。

第四节 发展：培育信息素养，树立终身学习理念

随着互联网的普及，信息对整个社会的影响逐步提高到一种绝对重要的地位。信息量、信息传播的速度、信息处理的速度以及应用信息的程度等都以几何级数的方式在增长。信息技术的发展对人们学习知识、掌握知识、运用知识提出了新的挑战。随着人类社会迈入信息社会，教师的教学工具也在不断更新，多媒体教学目前早已成为大多数学校的教学常态，极大提升了教学效果和品质。

除此之外，共生共长的课堂对教师提出了更高的要求。一方面，新课程改革对教师提出了更高的要求。新课改的教学观明确要求，教学要从“教育者为中心”转向“学习者为中心”，从“教会学生知识”转向“教会学生学习”。新课改的教师观要求，教师由知识的传授者转变为学生学习的引导者和学生发展的促进者，从课程忠实的执行者转变为课程的建设者和开发者，从传统的“教书匠”转变为教育教学的研究者和反思的实践者。另一方面，信息技术应用能力成为新时代高素质教师应具备的核心素养之一。这就要求教师要加强对自

身的信息素养的培养和锤炼，树立终身学习的理念，提高反思教学能力，能够对自己的数学教学“提出问题—探讨问题—解决问题”，将“学会教学”和“学会学习”有效地结合起来，努力提升数学教学实践的合理性，使自己成为学者型的教师，更好地适应时代的需要。

一、信息素养的含义

在飞速发展的信息时代，信息日益成为社会各领域中活跃又具有决定意义的因素，基本的学习能力实际上体现为对信息资源的获取、加工、处理以及信息工具的使用，其中还涉及信息伦理、信息意识等领域。开展信息教育活动，培养学习者的信息意识和信息能力成为当前教育改革的必然趋势。在这样一个背景下，信息素养引起世界各国广泛的重视，并逐渐引入从小学到大学的教育目标与评价体系之中，成为评价人才综合素质的一项重要指标。围绕信息素养的讨论，也成为世界各国教育界乃至社会各界关注的实践课题。

信息素养这一概念最早是信息产业协会主席保罗·泽考斯基在美国提出的，它包含诸多方面：传统文化素养的延续和拓展；使受教育者达到独立自学及终身学习的水平；对信息源及信息工具的了解及运用；必须拥有各种信息技能，如对需求的了解及确认，对所需文献或信息的确定、检索，对检索到的信息进行评估、组织及处理并作出决策。

完整的信息素养应包括三个层面：文化素养（知识层面）、信息意识（意识层面）、信息技能（技术层面）。作为信息时代的教育工作者，更应该加强自身的信息素养培养，用现代的、先进的教育理念指导自己的教学，以适应新课程改革对人才培养的需要。

二、教师如何培养和锤炼信息素养

（一）努力提升信息技术应用能力，实现信息技术与教育教学创新融合

进入信息技术2.0时代，以多媒体技术和网络技术为核心的现代信息技术影响着人们的生活和工作，也改变了教育和学习的方式。现代多元智能的观念对教育提出的要求更高。过去呆板的教学模式，单一的“满堂灌”的课堂教学方法已不能适应培养高层次复合人才的需要，深化课堂教学改革势在必行。探究以学生为主体的课堂教学模式，先进的信息技术恰恰提供了优化教学的手段。所以教师要锤炼自己的信息素养，必须要努力提升信息技术应用能力，将信息技术更好地与教育教学创新融合。

（二）主动适应信息技术、人工智能等新技术变革，开展教育教学

如今的信息技术，特别是网络技术，为学生的学习提供了丰富的资源。那么，如何科学地设计教学模式、充分地运用这些丰富的信息资源，来促进学生数学学习的质量和效果，就是中学数学教师要思考的问题。笔者在《函数应用》一课的教学设计上，采用了让学生基于网络提供的资源分组合作的学习方式。

《函数应用》是高一数学函数部分与实际生活联系最为紧密的一节课，为了能让学生充分了解和落实数学的函数知识是怎样解决实际问题的，我没有采用传统教学的方法——用几道例题抽象枯燥的讲授知识，而是选择将学生分为几个学习小组，由学生分工合作，利用网络庞大的信息资源，自主查找搜

集资料、数据，自己去寻求函数在实际问题中的应用，并将所选问题编成数学应用题，制作演示文稿，在班内讲解、交流，合作学习。

教师作为学生学习的合作者，对学生的选题、收集、分析资源等方面进行帮助和指导，真正突破了以教师为中心的教学模式。学生通过网络查找、搜集资料加深了对函数应用的理解，通过生生间和师生间的合作学习，扩展了知识，提高了自主学习的能力。

（三）借助信息技术，提高教学反思能力

新课程改革对教师提出了许多新的挑战。教师要适应各种变化，就必须成为一个学习者。教师始终要面对的是学生，新教育理念使教师和学生应该成为合作学习的伙伴关系。在当今的社会中，学生接受了来自各方的信息，在很多方面甚至会比教师知道得更多，这就需要教师不仅要有谦虚的心态，更重要的是要树立终身学习的理念，不断加强专业知识和相关知识的学习。

在新课程中，教师的学习是一种参与式的学习，即与学生一起走进新课程、学习新课程。从这个角度来说，教师的学习包括了课程实施前的准备性学习、在课程实施中与学生一起的学习活动和课程实施后的总结反思性学习三种类型。而课程实施后的反思性学习对于新课程教育理念的推进显得尤为重要：教师可以运用自己所学的新知识、新教育思想来评价自己的教学过程，反思自己的教学模式，进而总结经验教训，以期更好地提高自己的教学能力。

“反思不但是个人行为，而且是一种社会行为，群体的反馈引导能使教师从反思的深度和广度上超越个体所能为之的限度，社会性反思交流是促进教师反思的重要方面。”教学不仅仅是个人行为，还需要来自同组、同校甚至是不同地域文化的教师群体的共同智慧、共同反思，才能真正推动教育教学的改革。

现代教育理论和技术的飞速发展，为中学数学教育的发展提供了更广阔的空间，也为中学数学教学思想提出了新的课题——如何将信息技术更好地与中学数学教学融合，这必然会对中学数学教学的改革和实践产生积极而深远的影响。中学数学教师需要树立终身学习的理念，及时反思自己的教育教学，不断加强对自身信息素养的培养和锤炼，提高教学反思能力，能够对自己的教学“提出问题—探讨问题—解决问题”，将“学会教学”和“学会学习”有效地结合起来，努力提升数学实践的合理性。这样教师才能够更科学、更有效地规划自己的教学行为，使自己向专业化教师以及学习型教师发展，更好地适应新课程改革，符合学生综合素质发展的时代需要。

三、信息技术与中学数学教学的融合

21世纪是信息社会，现代化信息技术的飞速发展对学校提出了更高的要求，如何将信息技术与数学教学融合，以完成素质教育提出的重能力培养的目标，就成为每个数学教师要思考的问题。在此笔者结合自己的理论认识和实践，从“融合的理论”“融合的误区”“融合的模式”等方面进行阐述。

随着社会信息进程的不断加快，以多媒体技术和网络技术为核心的现代信息技术对人们的生活和工作影响广泛，也改变了教育和学习的方式。现代多元智能的观念对教育提出了更高要求，过去呆板的教学模式和单一的满堂灌的课堂教学方法已不能适应培养高层次复合人才的需要，深化课堂教学改革势在必行。面对以学生为主体的课堂教学模式，先进的信息技术恰恰提供了优化教学的手段。那么如何将信息技术更好地与中学数学教学进行融合呢？

（一）融合的理论依据

融合，其词义为“几种不同的事物合成一体”。所以不能把它仅仅理解为教学手段和内容上的组织与综合，而应看成是一种全新教育思想和教育理念，这是指信息技术与教师组织、指导和帮助学生学习的学科教学过程有机融合在一起，把信息技术手段恰当地融入教学过程中，有效地促进学生主动参与学习，强化学生的主体地位。这个理论的提出正好符合建构主义的学习理论。

《普通高中数学课程标准》中提到应“以发展学生数学学科核心素养为导向，创设合适的教学情境，启发学生思考，引导学生把握数学内容的本质”“激发学习数学的兴趣，养成良好的学习习惯，促进学生实践能力和创新意识的发展。注重信息技术与数学课程的深度融合，提高教学的实效性”。这与建构主义的学习理论不谋而合。而现代信息技术为发挥学生的主动作用、合作学习、创设情境提供了有效的手段。因此，将信息技术与中学数学教学融合具有充分的理论基础，是教育发展的大势所趋。

（二）融合实践中的几个误区

1.思想认识上的误区

认为使用了信息技术辅助教学，就是课程的融合。在教学思想上依然陈旧，教学设计中仍然强调的是“教师中心论”和“知识传授法”，重视演示现象、说明问题、传授知识，忽视揭示过程、培养能力。在教学中，教师仅仅是将原来用粉笔和黑板进行的教学活动搬到计算机上，或者是给学生演示教师制作的课件，教师在课堂上只是动动鼠标、敲敲键盘，教师成了放映员，信息技术只是简单代替了投影、幻灯、录像等媒体，成为教学的一种装饰或点缀，学生45分钟面对着屏幕，把原先低效的“人灌”，变成高速的“机灌”，教育者没有考虑到如何科学地设计教学程序，让信息技术促进学生主动参与学习，从而忽略了在学习中学生的主体地位。

2.课件使用上的误区

追求课件的“外在美”，而忽略其“内在美”，一味地追求最新的“高科技”，把教学课件搞成计算机多媒体功能的成果展览，却不管所用的课件解决了数学教学中什么不用计算机不能解决的问题。例如，很多有关函数图像的课件，制作教师大多看不上“几何画板”，而是使用Flash或Authorware将图像作成动画，虽视觉上美观，但是数学是集严密性、逻辑性、精确性、创造性和想象力于一身的科学，将信息技术与数学学科融合就要用教学课件体现数学的特点，而在绘制函数图像这一工作中，“几何画板”可以提供严谨精确的图像绘制，突出体现自变量和函数值之间的函数关系，是非常适合的软件。而用动画制作的课件，虽然在色彩、动画等方面效果很好，但往往会分散学生的注意力，干扰学生的观察，又因其为模拟演示，不利于揭示问题的内部联系和本质，也不利于数学思想的渗透。所以教师制作数学教学课件时，不仅仅强调课件的艺术性，还应注意课件的科学性，把解决数学问题放在第一位，使学生真正能体会到“数学美”，激发学生主动参与学习的热情。

（三）融合实践中的几个常见的教学模式

1.基于信息技术的创设情境教学

在这种融合的模式下，信息技术作为教学工具。教师制作直观、逼真的教学课件，给学生创设形象、生动的情境，激发学生的求知欲，引导学生主动学习。

例如，笔者在讲授高中数学《三角函数图像性质》一课时，运用信息技术制作出单位圆中的三角函数线，让学生自己通过跟踪三角函数线端点的轨迹，感受一个周期内三角函数曲线的生成，使学生对学习内容有了直观感受。再带领学生自己运用“几何画板”绘制正弦函数曲线，并通过函数图像研究函数性质。通过学生自己动手、动脑研究三角函数曲线，从动态的图像中引领学生感受三角函数的性质，激发学生的学习兴趣、提高学习效率，活跃了课堂气氛。

2.基于数学实验的自主探求式学习

建构主义学习理论和素质教育都强调要充分发挥学生的主体地位，因此在数学教学中，教师就要利用信息技术与学科教学的融合来培养学生主动参与学习的意识和积极探索的精神。

例如，对于高一代数的教学，重点在于函数的图像和性质。笔者在教学设计中，就将信息技术融合的切入点安排为：由学生自己动手利用“几何画板”进行数学实验，制作严谨精确的函数图像；由学生根据自己绘制的函数图像，探求函数性质。这种教学模式一改以往由教师制作课件，学生观看演示的方式，而是教师以任务驱动，全体学生参与制作，极大地调动了学生求知欲望。

在教学中，利用让学生自己动手制作具有动态效果的图像，在信息技术的支持下使学生更好地领悟数学思想，激发学生积极的思维活动，在教师的引导下学生自己可以发现和探索知识。学生的“听讲”“记笔记”更多地变为观察、实验和主动地思考探求，充分体现了学生在学习中的主体地位。经过实践证明，学生非常乐意接受这种以生为本的开放式教学模式，学习效果较好。

3.基于资源的合作式学习

信息技术，特别是网络技术，为学生的学习提供了丰富的资源。那么，如何科学地设计教学模式，以充分运用优越的信息资源，就是作为教师要思考的问题。笔者在《函数的应用》一课的教学设计上，就采用了让学生基于网络提供的资源分组合作的学习方式。

以现代信息技术为依托的师生合作课堂，可以有效引导学生在掌握使用现代化学习手段的同时，学会基础的概念和知识，培养自主学习和探究的能力，实现个人素养的飞速发展。过去传统的教学活动基本是单向的，但随着网络的普及，教育资源更加丰富，这种教育模式出现重大转变，学生不再像之前一样被动学习，学生积极参与学习、教师指导的双向教育模式成为主流。未来，随着信息技术尤其是人工智能技术的进一步发展，教育模式将发生更深层次的变革，逐步向学生主动学习、教师引领指导的双向教育、共生共长模式转变。

时至今日，现代化信息技术的飞速发展，为中学数学教育的发展提供了先进手段，也为教学思想提出了新的课题——将信息技术更好地与数学教学融合，必然会对中学数学教学改革产生积极而深远的影响。

第四章

创新教研：

师生共生共长课堂创新教学研究

僵化的学习方法不能让学生适应飞速发展的时代变化，教师要想追求卓越教育，就要基于学科核心素养、立足课堂动态，在课堂革新上下功夫，转变学生的学习方式，改变教师的教育方式，从而激发课堂活力。前文已经详述师生共生共长课堂的重要性，那么，该如何做出行动呢？荀子有言：“故不登高山，不知天之高也；不临深溪，不知地之厚也。”实践是检验真理的唯一标准，是认识的目的和归宿，认识从实践中来，最终还要回到实践中去，没有实践，就不能正确地认识世界，不能科学、正确地指导改造世界的活动。实践是认识发展的动力。实践的需要推动认识的产生和发展，推动人类的科学发现和技术发明，推动人类的思想进步和理论创新。师生共生共长课堂是一种指导课堂实践的教育理论，要发挥它的作用还需要付诸教学实践，在实践中检验成果、不断反思、优化方案。本章节详细介绍了在课堂创新教学实践中的创新原则、创新目标、创新依据和创新角度，并附有详细生动的案例作为示范和参考。

第一节

创新原则：日常教学与课堂创新中的原则

当今时代，教师不只是知识的传授者，更是引导学生探究和交互学习的实施者，是学生与知识间的桥梁，这对教师的教学方法提出了更高的目标和要求，因此在课堂教学中要注意引导学生师生间、生生间合作式、交互式学习，最大限度激发学生主体参与主动探究的意识。在新课改要求下，教师要不断丰富课堂教学内容，提高课堂教学效果。基于提高教学效率、提升教学品质的目的，在日常教学与课堂创新过程中要注意以下原则。

第一，发展性原则。以尊重和信任为出发点，为学生创造良好的心理环境提供有利条件，使个体在一定的条件下得到最优的发展。

第二，主体性原则。在实践过程中，应充分发挥教师的主体积极性，学生作为教育主体力量的主动性，以保证课堂创新目标的有效实施。

第三，自主性原则。自主学习是积极主动的学习。在课堂教学中，教师要调动学生学习的愿望，让学生逐步掌握正确的学习方法，引导其主动学习，让学生有更多的机会处于活动的中心地位，充分发挥学习潜能。在实践过程中，要以学生为中心,采取各种措施,引导学生自主学习,促进学生学习效率。

第四,实践性原则。主要是致力于教学实践。在教学实践中不断改正教学方法和教学模式,以达到最优的教学实效,同时,研究者要积极开展教学实践活动,便于让学生在实践活动中探索,通过活动获取知识,学会运用所学知识创造性地解决问题,不断增强学生的创新意识和创新能力。

第五,个性化原则。在教学活动中,教学的主体是教师,受教的对象是学生。同时,教师和学生都是作为具有个性的个体呈现的,因而不可能只有一种模式,所以我们倡导个性的思考、个性的反思、个性的实践。

第六,理性与实践性相结合原则。对师生共生共长课堂的研究不能脱离实际,更不能离开理论的指导。在研究过程中,实践是基础,理论是关键,必须用理论指导实践,用实践反思理论。所以我们应加强学习,提高现代教育理论素养,这样,才能更好地服务于实践。

第七,反思性原则。对课堂的研究不是目的,而是要通过研究提高实施教育教学的能力,这不是一次研究就可以解决的,所以反思性研究就显得十分重要了。反思时,不但要反思案例本身,还要反思研究过程,更要反思研究结果。只有通过“研究—实践—反思—再研究—再实践反思”过程,才能使课堂建设取得实质性的效果。

第八,科学性原则。教学课题研究必须建立在科学操作的基础上,理论支撑要科学,研究方法要科学,研究过程要科学,数据处理的方法也必须科学合理,方能使教学课题研究的成果可信、可靠,有推广价值。

第九,成功体验原则。所谓成功体验原则就是要求教师在教学过程中为每一个学生创造尽量多的获得成功体验的机会，借助成功体验的积极效应促进学生的健康发展，提高学生的素质。成功体验原则要求为每个学生提供尽量多的课堂表现机会，教师要创造条件，给每个学生提供表现机会，让学生在课堂、课外、作业、活动中得到充分表现的机会，使之在成功中增强学习自信心。

在当前科技高速发展、生活学习方式快速更迭的时代，伴随着高中数学课程以及教学改革及当前素质教育的持续深入，教育改革变成了必然。在这种情况下，每位数学教师都需要面对着多种多样的挑战。以《普通高中数学课程标准》为指引，高中数学教学需要保持与时俱进、持续创新的精神，才能保证数学教学的快速进步，提升教学质量，培养学生核心素养。

第二节

创新目标：理想课堂与一节好课

习近平同志指出："把加强教师队伍建设作为教育事业发展最重要的基础工作来抓。"努力培养造就一大批一流教师，不断提高教师队伍整体素质，大力培养造就一支师德高尚、业务精湛、结构合理、充满活力的高素质专业化教师队伍。以一流的教师创造一流的教育。理想的课堂需要出色的教师，并且让教师找到教学的角色定位和工作方向，平等对待每一个学生，尊重学生个性，理解学生情感，包容学生缺点和不足，善于发现每一个学生的长处和闪光点。基于此，笔者针对如何上一节好课提供以下建议：

一、营造宽松的课堂气氛，让学生成为学习主人

要想学生积极参与教学活动，发挥其主体地位，必须提高学生的主体意识，而要唤醒和增强学生的主体意识必须营造平等、民主、和谐的课堂气氛。一个良好的课堂气氛，能促进师生双方交往互动，分享彼此的思考、见解和知识，交流彼此的情感、观念与理念，真正把教师转变为学习活动的组织者、引导者、合作者，把学生转变为真正学习的主人。营造宽松的课堂气氛，必须用"情

感”为教学开道。所以教师首先要有爱心，“爱”要充满课堂，没有“爱”的课堂算不上是理想课堂。这种爱是多方位的。既有生活上关怀学生的冷暖、喜恶之爱，又有学习上了解学习情况，填补知识缺陷，挖掘学生身上的闪光点，多鼓励，而不轻易否定，恰当指引，想学生所想，急学生所急。这样才能让学生真正感到教师既是良师，又是益友。

二、让学生做课堂的主人，把课堂还给学生

教育家陶行知先生提倡“行是知之始，知是行之成”。人的能力并不是靠“听”会的，而是靠“做”会的，只有动手操作和积极思考才能出真知。因此，我们不能让学生在课堂上做“听客”和“看客”，要让学生做课堂的主人，动口、动手、又动脑，亲身参与课堂和实践，包括知识的获取、新旧知识的联系，知识的巩固和应用的全过程。要强调凡能由学生提出的问题，不要由教师提出；凡能由学生解的例题，不要由教师解答；凡能由学生表述的，不要由教师写出。“创”设课堂营造和谐、自主、创意的课堂氛围，摒弃那种教师高压式、灌输式、一问一答式等单调乏味的教学模式，让学生在课堂上自由大胆表现好奇心、挑战心、想象力等，从而才会提出一些极具创新思维的问题。在这种氛围下学生的思想开始不受约束，有了自主思考的空间，激发了学生的创新灵感、创新思维，使课堂成为他们快乐学习的乐园。

三、让学生自主探究的学习，激发学生学习兴趣

自主学习是培养学生创新意识和能力的有效学习方式，学生在自主学习

的过程中，通过相互讨论、争辩，有利于形成不同思想的碰撞，容易产生独特的观点和方法，激发学生创造的欲望。因此，我们应该有意识地培养学生自主学习的能力。首先，教师要鼓励学生大胆质疑。让学生提出问题，同时又要保护学生的积极性。教师对学生提出的问题回答不清、或表现出的不耐烦都会影响到学生的情绪，挫伤学生提问的积极性。因此，教师对没有多大价值的问题也要尽力找出所提问题的合理部分，给予肯定、表扬和鼓励。其次，教师要教给学生发现问题的方法，使学生有问题可问。所以教师平时应注意引导学生从多角度观察问题，引发学生丰富的联想，鼓励学生能大胆猜想。在教学过程中，要充分暴露思维过程。在要领教学中，教师要展示概念的形成过程，使学生自己学会思考。最后，学习的兴趣与积极性是学习活动最坚实的后盾，我们要通过学习让学生感受到知识的力量，享受到成功的喜悦，从而激发学生的学习兴趣，调动学生学习的积极性。新课改背景下的高中数学课堂不再是封闭的知识集中训练营，不再是单纯的知识传递，课堂上我们的学生自主学习，合作探究，思维得以飞扬，灵感得到激发，我们的课堂越加变得春光灿烂，精彩纷呈。

学生是数学学习的主人，是发展的主体，而老师是数学学习的组织者、引导者与合作者。因此，我们的教学必须以学生为中心，而要做到这一点，在数学教学中就必须体现学生的主体地位，将数学课堂还给学生。

例如，在学习“函数$y=A\sin(\omega x+\varphi)$的性质”这一课时，我在课堂上就采取了“问题情境”教学法：由教师提出问题，激发学生的学习兴趣，设计出有目的有层次的问题情境，利用学案，由学生亲自动手动脑进行自主探究，教师作为学生学习的帮助者、指导者，师生间、生生间合作学习，充分体现学生主动参与学习的主体地位。在这节课的教学设计上没有采取以往的带领学生从归纳函数$y=A\sin(\omega x+\varphi)$的性质入手，再进入性质的正向应用，而是采取“问题情境”教学法，教师从具体的函数$y=2\sin(2x+\frac{\pi}{4})$性质探究提出问题，让学生在解决问题的过程中将感受数学方法和数学思想，再引导学生从特殊到一般归纳总结将知识系统完善，充分体现了学生主动参与学习的主体地位。

在问题情境教学法实施上基本可以分为：确定中心，设置问题，引导探究，从而帮助学生解决问题、获得知识、提高能力。

确定中心：在数学课堂上实施问题情境教学法，并不是简单地用满堂提问的方式实施教学，教师要在备课的时候科学地确定本节课的教学中心内容，也即重难点，在针对重难点上思考创设问题情境，从而激发学生自主学习的兴趣，帮助其感受重难点突破的过程。

设置问题：问题情境教学法实施的关键在于教师能设置科学有效的问题来引导学生学习探究，在这一步骤需要教师注意两个问题。一是设置问题要顺应学生的最近发展区。教学要适合学生的心理发展规律，在问题的设置上要考虑到学生已有的认知水平和知识储备，在此基础上，遵循“最近发展区”原理，设置的问题应在学生能力范畴内，略高于学生已有水平，让学生运用已有的知识和能力能够自主探究而获得提升。事实证明那些过于简单或者过于困难的问题对激发学生学习兴趣是毫无用处的。二是问题情境的创设要具备开放性。问题情境的创设目的在于引发学生主体参与主动探究的兴趣，这就要求教师在创设问题情境的时候尽量去构建开放性、研究型的问题，这样学生在解决问题的时候才能打开思维，多方面探求知识，从而能让学生感受问题解决的过程，形成数学的思想方法。

引导探究：如果说问题的设置是问题情境教学法的中心，那么引导探究这一环节就是这一教学法的重要目的之一。教师设置了科学有趣的问题，激发了学生学习的兴趣，接下来，如果是继续以往那种以教师的教为主要途径的学习模式，则不能很好地体现新课改的要求，也不能真正做到让学生学会数学。所以，在问题设置之后，教师要做的便是引导启发学生自主的思考解决问题的办法，组织学生合作探究，引领学生循序渐进地朝着问题解决的方向前进，最终掌握解决问题的方法，学会学习。

这样几个环节相互联系，教师为学生创设有效地问题情境，设置科学的高质量的问题，引发学生主体参与的兴趣，教师再根据学生的认知能力和知识水平组织、帮助学生对解决问题的方法进行探究，在和谐互动的教学氛围下完成知识的学习和能力的培养。

实践证明问题情境式教学方法使学生在有着真实的问题情境的探索中学习，在学习过程中，通过解决问题完成任务，学生会不断地获得成就感，可以激发他们的求知欲望，逐步形成一个感知心智活动的良性循环，从而培养独立探索、勇于进取的自学能力。

四、教学案例：轨迹方程

《解析几何》是用代数的方法研究几何问题的一门学科，所以用方程的思想来研究动点的轨迹就是《解析几何》的一个基本内容，也是高考的热点之一，那么如何通过高考复习课使学生落实求动点的轨迹方程，就是本节课要解决的。作为一节典型问题解决的复习课，我在教学设计上采用以学生为主体，教师合理设置问题引领、学生自主探究的方法。

（一）教学设计意图

基于本节内容在《解析几何》中的位置和高考对学生分析解决问题能力的考察，制订了以下的教学目标：

复习求动点轨迹方程的基本方法和解题步骤。落实利用基本方法探求动点轨迹方程的几种基础题形。培养学生识图，自己分析总结问题能力。让学生在自己解决问题的过程中增强克服困难的勇气和毅力，激发学生探求知识的热情。

本节课教学重点，难点：

重点：落实求动点轨迹方程的基本方法。

难点：教会学生如何审题，分析选择适当方法解题。

（二）教法的选定

针对高考对学生重基础，重能力的考核，本节内容关键在于如何让学生通过复习尽可能多的落实，这就需要让学生自己多动手去做、去总结，但知识的深化又必须有教师的引导，所以我采取“问题探究法”进行教学，即“问题引导，启发思维，共同分析，主体探究”。这样既发挥教师的主导作用，又充分发挥了学生的主体地位。

（三）学法的指导

本节课要从两个方面教会学生落实知识，提高能力：

第一，通过设置问题情境，帮助学生回顾已学过的基本概念、基本方法。

第二，通过带领学生通过分析题目所给条件，指导学生进行思维解读，从而选择正确适当的方法解决问题。

（四）教学过程

第一步，采用“温故式导入”，通过提问“曲线与方程”“求轨迹方程的基本步骤”“已学过的基本轨迹”来帮助学生对已学知识进行回顾，为后面问题的解决打下基础。

1.曲线与方程

一般地，在平面直角坐标系中，如果曲线C（看作点的集合或适合某种条件的点的轨迹）上的点与一个二元方程$f(x,y)=0$的实数解建立了如下关系：曲线上点的坐标都是这个方程的解（纯粹性）；以这个方程的解为坐标的点都是曲线上的点（完备性）；那么，这个方程叫作曲线的方程；这条曲线叫作方程的曲线。

一般地，在平面直角坐标系中，如果曲线C（看作点的集合或适合某种条件的点的轨迹）上的点与一个二元方程$f(x,y)=0$的实数解建立了如下关系：曲线上点的坐标都是这个方程的解（纯粹性）；以这个方程的解为坐标的点都是曲线上的点（完备性）；那么，这个方程叫作曲线的方程；这条曲线叫作方程的曲线。

2.求曲线方程的基本步骤

第一步：建立适当的直角坐标系，用有序实数对（x,y）来表示曲线上任意一点M的坐标；第二步：写出适合条件P的点M的集合：$P=\{M \mid P(M)\}$；第三步：用坐标表示条件$P(M)$，列出方程$f(x,y)=0$；第四步：化简方程$f(x,y)=0$；第五步：证明以化简后的方程的解为坐标的点都在曲线上。一般的，在化简过程中进行的是恒等变形，保证化简前后方程的解集相同的情况下，步骤五可以省略不写，如有特殊情况，要进行适当说明。

3. 常用的基本轨迹

第一，平面内到两个定点距离相等的点的轨迹，是连接这两点的线段的垂直平分线。

第二，平面内到两条相交直线距离相等的点的轨迹，是平分这两条直线所成的角的两条互相垂直的直线。

第三，平面内到两条平行直线距离相等的点的轨迹，是这两条平行线的公垂线的垂直平分线。

第四，平面内与一个定点距离等于定长的点的轨迹，是以定点为圆心，定长为半径的圆。

第五，平面内与一条定直线距离等于定长的点的轨迹，是与这条直线距离等于定长的两条平行线。

第六，平面内对于定线段的视角等于定角（介于$0°$到$180°$之间）的点的轨迹，是以定线段为弦，所含的圆周角等于定角的两条弓形弧。

第七，平面上到两个定点的距离的和等于定长（大于两个定点间的距离）的点的轨迹，叫作椭圆。

第八，平面上到两个定点的距离之差的绝对值等于定长（小于两个定点间的距离)的点的轨迹,叫作双曲线。

第九,平面内到一个定点和一条定直线距离相等的点的轨迹,叫作抛物线。

第十,平面内到一个定点和一条定直线距离之比为一个常数(e)的点的轨迹,是圆锥曲线。当$0<e<1$时,曲线为椭圆;当$e=1$时,曲线为抛物线;当$e>1$时,曲线为双曲线。

第二步,教师带领学生一起复习“求轨迹方程常用的方法”,教师重点提示各方法的适用特点。

求轨迹方程的常用方法:

待定系数法:若已知是何种曲线,求曲线方程,一般采用待定系数法。例如求直线方程、圆、椭圆、双曲线、抛物线方程时常用待定系数法。

直接法:如果题目中的条件有明显的等量关系,则可由题设所给的动点满足的几何条件列出等式,再坐标化,化简可得曲线方程。

定义法:根据题目条件可以判断出动点的轨迹满足某已知曲线的定义,则可以根据定义求出轨迹方程,此方法要求熟练掌握几种常用的基本轨迹。

代入法(相关点法):若动点$P(x,y)$随已知曲线上的点$Q(x_1,y_1)$的变动而变动,且x,y可用(x_1,y_1)表示,则将Q点坐标表达式代入已知曲线方程,即得点P的轨迹方程。

点差法:在求涉及弦中点轨迹方程问题时,常常用“设而不求”的技巧,根据点在曲线上,点的坐标满足曲线方程,将点坐标代入,通过中点坐标及斜率的代换,求出轨迹方程。

参数法：如果动点$P(x,y)$的坐标之间的关系不易找到，也没有相关点可用时，可考虑将(x,y)用一个或几个参数来表示，再消去参数得到所求轨迹方程。常选的参数有角、斜率、截距等。在消参时应注意参数范围对x，y范围的影响。如果曲线方程本身以参数方程形式给出时，也可直接采用参数法，消参得到曲线的普通方程。

交轨法：当所求为两条动直线的轨迹问题时，一般采用写出动点$P(x,y)$满足的两个轨迹方程，组成方程组分别求出x、y，再消去参数求解。

几何法：若所求的轨迹满足某些几何性质（如线段的垂直平分线，角平分线的性质等），可以根据几何性质列出方程，简化运算。

第三步，例题讲解和练习。

例题：在平面直角坐标系xOy中，点P到点$F(3,0)$的距离的4倍与它到直线$x=2$的距离的3倍之和记为d，当P点运动时，d恒等于点P的横坐标与18之和，求点P的轨迹C。

思维解读：根据题设条件点P到点$F(3,0)$的距离的4倍与它到直线$x=2$的距离的3倍之和恒等于点P的横坐标与18之和，设出点P的坐标，可以直接找到其满足的方程，采用直接法求轨迹，在方程整理化简时注意两边平方过程中的恒等变形，由限制条件判断轨迹方程相应结论。

解答示范：设点P的坐标为(x,y)

则$d=4\sqrt{(x-3)^2+y^2}+3|x-2|=x+18$，①

当$x>2$时，由①得$\sqrt{(x-3)^2+y^2}=6-\frac{1}{2}x$

化简得：$\frac{x^2}{36}+\frac{y^2}{27}=1$

当$x \leqslant 2$时，由①得$(x-3)^2+y^2=3+x$

化简得：$y^2=12x$

故点P的轨迹C是椭圆C_1：$\frac{x^2}{36}+\frac{y^2}{27}=1$在直线$x=2$的右侧部分与抛物线$C_2$：$y^2=12x$在直线$x=2$的左侧部分（包括它与直线的交点）所组成的曲线。

反思感悟：直接法求轨迹方程在条件上信息明确，学生比较容易入手，但是此类问题在化简方程时往往涉及两边平方、去分母等步骤，此时需要注意讨论约束条件以保证恒等变形，在整理含有参数的方程时，还需要注意就参数的取值范围对应不同轨迹进行分类讨论。

例题：过定点$A(a,b)$作互相垂直的两条直线l_1和l_2，分别与x轴、y轴交于M、N两点，求线段MN中点B的轨迹方程。

思维解读：本题根据条件可直接利用两条直线垂直关系，分别设出直线方程。再求出与x轴，y轴的交点M、N，然后根据中点坐标公式求出中点B的坐标，消去参数k，求得轨迹方程.此法虽然直接但是计算量较大；若根据M、N在坐标轴上，且线段MN的中点为B，数形结合，充分挖掘垂直这一条件的几何性质，根据斜率关系、直角三角形性质、四点共圆、向量数量积运算布列方程，可以大大的简化运算。

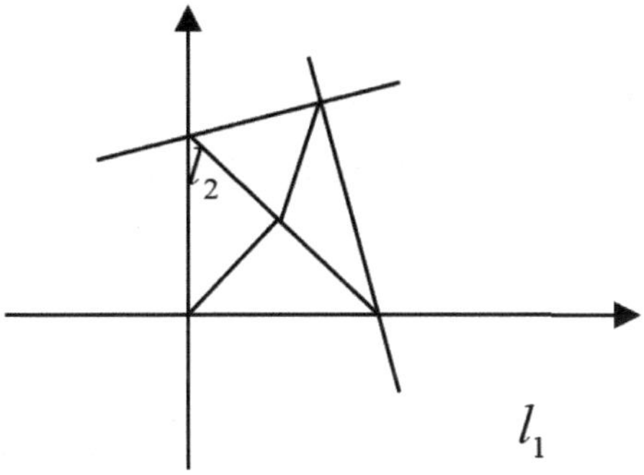

解答示范：

解法1：设过点A的两条互相垂直的直线方程为：

l_1：$y-b=k(x-a)$ 和 l_2：$y-b=-\frac{1}{k}(x-a)$，$(k\neq 0)$，则与x轴，y轴的交点坐标分别为

$M(a-\frac{b}{k},0)$，$N(0,\frac{a}{k}+b)$，由此得MN中点B的坐标为$(\frac{a-\frac{b}{k}}{2},\frac{\frac{a}{k}+b}{2})$，消去参数$k$整理得$2ax+2by-a^2-b^2=0$。

又当$l_1\perp x$轴，$l_2\perp y$轴时，点B的坐标$(\frac{a}{2},\frac{b}{2})$也满足方程，

所以所求轨迹方程为$2ax+2by-a^2-b^2=0$。

解法2：巧设坐标，用垂直直线斜率关系求轨迹。

设点$B(x,y)$，$M(2x,0)$，$N(0,2y)$

$\because AM\perp AN$，$\therefore k_{AM}\cdot k_{AN}=-1$，即 $\frac{b}{a-2x}\cdot\frac{b-2y}{a}=-1$

整理得：$2ax+2by-a^2-b^2=0$，当$AM\perp x$轴时，k_{AM}不存在，此时$B(\frac{a}{2},\frac{b}{2})$显然也满足方程，$\therefore$中点$B$的轨迹方程为$2ax+2by-a^2-b^2=0$。

解法3：运用直角三角形性质，直角三角形斜边中线等于斜边一半。

设点$B(x, y)$,则$M(2x, 0)$, $N(0, 2y)$, 连接AB, $\because AM\perp AN$, $\therefore 2|AB|=|MN|$

而$|AB|=\sqrt{(x-a)^2+(y-b)^2}$,$|MN|=\sqrt{(2x)^2+(2y)^2}$

$\therefore 2\sqrt{(x-a)^2+(y-b)^2}=\sqrt{(2x)^2+(2y)^2}$,整理得中点$B$的轨迹方程为:

$2ax+2by-a^2-b^2=0$。

解法4:借用四点共圆.

$\because AM\perp AN$, $\therefore \angle MAN=90°$,又$\angle MON=90°$,可知A, $M.O.N$四点共圆,

$\because B$为MN中点,$\therefore B$为圆心,$\therefore |OB|=|BA|$,设$B(x,y)$则

$\sqrt{(x^2+y^2)}=\sqrt{(x-a)^2+(y-b)^2}$,整理得$2ax+2by-a^2-b^2=0$。

解法5:设点$B(x, y)$,则$M(2x, 0)$, $N(0, 2y)$, $\overrightarrow{AM}=(2x-a, -b)$, $\overrightarrow{AN}=(-a, 2y-b)$

$\because \overrightarrow{AM}\perp\overrightarrow{AN}$,$\therefore \overrightarrow{AM}\cdot\overrightarrow{AN}=0$,即$-a(2x-a)+(-b)(2y-b)=0$,

整理得:$2ax+2by-a^2-b^2=0$。

反思感悟:轨迹问题所给的条件千差万别,所以求轨迹的方法必多种多样,解法1、2直接运用已知条件,充分考虑垂直直线的斜率关系;解法3、4、5则是准确恰当的挖掘题目条件中隐含的几何性质,极大地简化了运算,同时还避免了直线斜率不存在的讨论。本题说明:解析几何用代数方法研究几何问题,若能充分运用几何性质,能将代数运算简化。而在解题时"巧设坐标"这个"看似不起眼的基本功",在求轨迹方程乃至解析几何众多问题中是非常重要的。

著名数学家波利亚说过,"学习任何知识的最佳途径是由学生自己去发现。因为这种发现理解最深"。而自己探究,就是让学生根据自己的体会与知识,用自己的方式去探究。探究式学习作为一种学习方式和一种教学形态,能

够给每一位学生提供充分的发挥和创造空间。它的作用不在于让学生得出重大的创新成果，而是在于使学生获得独立思考、自主探索的意识与能力，帮助学生发展自身个性。

理想的课堂应该是师生互动、心灵对话的剧场，而不是优秀教师展示授课技巧的表演场所。学生学习知识的过程，是主动构建知识网络的过程，而不是被动地接受知识的灌输。学生应该以原有的知识经验为基础，对新的知识进行加工，由此实现对新知识含义的深入理解。教师无法取代学生的思考，更代替不了学生的思维。独立探究就是要让每个学生根据自己的体验，用自己的思维方式自由地、开放地去探究、去发现、去再创造数学知识的过程。独立探究的目的，不仅在于获得数学知识，更在于让学生在探究的过程中学习科学探究的方法，从而增强学生的自主探究的意识，培养学生的探究精神和创造能力。

新课程明确提出了教育目标：学生能获得进一步学习以及未来发展所必需的数学“四基”“四能”，发展六大学科核心素养，这说明现代教育从以知识本位、学科本位转向以学生的发展为本，一节好课不应只有熟练的技巧讲解，更应有对开发学生未来潜力的内容，通过关怀学生、尊重学生使课堂焕发活力。

第三节

创新依据：关于新型课程理念的探讨

师生共生共长课堂倡导尽力站在学生的角度，将心比心，在教学的整个过程中全心关注学生的学习体验。教师用热烈的思考激励学生的思考，用自己对数学的热爱感染学生，师生之间相互对话、相互影响，改进教学中的弊病，提升课堂教学效率，在教与学的过程中不断丰富教学资源，大力推动教学的进程，双向促进师生个体生命的成长。这样的新型课程理念是一种具有创造力的探讨，并非空穴来风，在实践之前我们可以找到有力的创新依据作为支撑。

21世纪是科技迅猛发展的时代，新的时代要求学生具有更高的科学素养，具有良好的创造能力。这一切就要求基础教育走出过去枯燥、死板传授知识的模式，应最大限度地激发学生的学习兴趣，培养其创造思维，从而提高学生的综合素质。天津市从1997年起开始执行新的试教方案，高中数学也相应启用根据《试验教纲》编写的新教材，在试用过程中，笔者认为新教材更着重于对学生学习方法及思维能力的培养，加强了基础数学和实际应用的联系，利于全面提高学生的素质。那么，如何更好地运用新教材呢？下面就从一节课的导入浅谈一下新教材试用的点滴体会。

《等比数列的前n项和》是高一新教材的第三章《数列》中的第五节内容，本节内容重点是等比数列前n项和公式的讲解，难点是公式的推导。为了更好地突破重难点，就需要教师在导入本课时，激发学生的学习热情。旧教材在本节内容的导入上采用了“开门见山”的方式，直接列出抽象的等比数列前n项的和进行推导，以往在讲解此课时，笔者也会因循地按照教材的方式进行引入，结果课堂气氛沉闷，学生对公式的推导用到的思维方法不能重视掌握，只是机械地背记公式，学习效果不佳。

新教材在本节课引入一个具体实例入手，来说明如何求等比数列的前n项和，然后导出等比数列前n项和公式的推导，这样大大提高了学生学习的兴趣，为了更好地配合新教材所体现的教学思想，我广泛搜集资料，并在计算机老师的帮助下制作了形象生动的教学软件，更好地活跃了课堂气氛。

我是这样设计本节导入的：

首先，由计算机打出一套立体逼真的国际象棋和棋盘，然后由教师开始给同学们讲述一个关于国际象棋的小故事。“传说，很早以前有个人发明了国际象棋，当时的国王非常高兴，决定奖赏他，国王允许宰相提出任何要求，于是这位聪明的宰相便请国王在国际象棋棋盘的第一个格子里放入一颗麦粒，第二个格子里放入两颗麦粒，第三个……，就这样，依此类推，要求从第二个格子起，每个格子里的麦粒数是前一个格子里麦粒数的两倍，他请求国王给予他这些麦粒的总和。”这样，在讲述故事的同时，配以画面显示“棋子撤去→显示棋盘→第一个格子里闪动一颗麦粒→第二个格子里闪动二颗麦粒 →……”由教师操纵鼠标完成,给学生以最生动真实的图像展示,吸引学生的兴趣。

接下来,教师运用启发式教学提问学生,“国王能否满足宰相的要求呢?”设置疑问,引起学生思考,充分调动学生的学习积极性,随后教师在学生大胆猜想回答的基础上,操纵鼠标,使屏幕显示充满麦粒,以体现数量的巨大,并以实际数据告诉学生,“这些麦粒的总和相当于全世界几百年的小麦总产量,所以国王不可能满足宰相要求”。在答案给出,学生处于惊讶之时,提出利用上节课内容由学生自己列出数列求和公式,复习了上节课知识,并用计算机打出式子“1+2+22+23+…+263=?”引出本节课所讲内容,从而使学生在浓厚的兴趣下思考如何求等比数列前n项和的方法中来,有效地提高了学习效率,活跃了课堂气氛。

比较新旧教材在本节内容的导入部分,可以发现新教材更强调了学生的主体性地位,我设计的这一计算机辅助教学的导入,采用从趣味数学入手,为学生创设轻松活跃的教学情境,利用“设问”“激疑”来形成悬念,让学生大胆猜测,从而引起学生的兴趣,激发了他们的创造精神,突出了以学生为主体的教学思想,取得了较好的效果。

第四节

创新角度：深度挖掘校本教研内涵

数学作为自然科学的基础，也是考试的重点学科。大多数数学教师和学生每天都沉浸在数学题海中，模式化的应考训练充斥着日常教学，似乎这样才能提高学生的解题能力，取得优良成绩。然而，随着新课改的不断推进，《普通高中数学 课程标准》提出了课程理念要注重提高学生的数学思维能力，发展数学应用意识，数学考试也开始由“双基”向“信息迁移能力、分析问题解决问题能力”转变，以往那种“套路题”“典型题”的模式训练已经不能满足当前课程改革的需要。

2017年天津正式启动了高考改革，招生制度的改革明确了以立德树人为目标、以培养学生核心素养为核心的新一轮教育改革全面铺开。而课程正是实现这一目标的载体，可以说有什么样的课程观就有什么样的教育价值观。如何为学生全面发展构建多元、丰富的课程体系是我们探索的方向。

带着这些问题，我和团队成员赴杭州参加了在高考改革背景下的教师转型研修班学习，短短五天时间里，既让我们深入理解了新高考的意义，又学习到从教学安排上如何应对。尤其是在课程设置上，一个学校的课程体系包容度越大，具体课程育人功能的针对性就越强，那么学生就能根据自己的学习潜能和学习兴趣，选择适合自己的课程，更大限度的提高学生的学习主动性和学习品质。

吸取了杭州学习的宝贵经验，结合学校“选择性教育”办学理念，我们开设了以国家课程为基础型课程为核心，以学校优势学科和项目为依托的“研究型、拓展型、体验型”校本课程的四维课程体系。

其中“研究型”“拓展型”校本课程及“体验型”活动课程紧紧围绕学生核心素养培养和社会主义核心价值观的建立。至今，学校已经在高一年级和高二年级开设了必修、选修校本课程共8大类30门课程，极大地丰富了学生对自己课程的选择空间。

随着课程改革的探索实践，新的困惑凸显出来：如何更好地完善四维课程体系；如何开发开设更多内容丰富、形式多样的校本课程；如何更好地调动教师的工作积极性。

在工作中遇到新问题的时候，我获得了到北京清华附中挂职研修两周的机会，得益于京津教育环境的一致性，这次的挂职学习，不论是学校层面上涉及教育教学管理、教师培训等各方面的讲座，还是一周时间深入年级，充分感受，都可谓内容丰富、贴近实际，让我收获颇丰，明确了自己今后工作的探索方向。

三级核心课程、领导力课程和综合课程的学习借鉴，助推实践。

一是要明确适合学校学情的培养目标，逐步完善学校的四维课程，构建自主选择、特色发展的课程体系。基础型课程要关注学生个体差异，加大探索分层走班、导师制和学生小组合作学习。探索跨学科整合课程。(例如，理综的科学实验课程、文综的时事热点研究)。依托学校丰富、先进的图书馆资源探索图书馆专业课程和图书馆浸润课程；开设学生自创课程、家长支持课程；从高考目标作为切入点尝试开设职业生涯规划课程。

二是引领教师幸福生活、智慧教育。开展温馨的学科、备课组活动关注教师的集体归属感和职业幸福感。利用网络资源推荐教师读书、分享，提升教师自身修养。围绕教学中的具体问题开展教师间校本研修、同伴互助，提高教师培训实效性。

21世纪是信息社会，现代化信息技术的飞速发展为学校教育提出了更高的要求，如何转变观念，探索应用信息技术进一步完善课堂教学改革，就是新的教育理念对教学提出的新的要求。实现这一目标的重要途径是要深挖校本研修内涵。

以我校为例：学校整体构建了“1+2”校本研修体系：一个核心——以备课组建设为核心；两条主线——以学科组为载体的教学研究主线和以年级组为载体的管理研究主线。两条主线交汇贯通，织成网状教研体系。

依托学校校本研修体系，围绕学校教育教学改革发展目标，制订了发展规划和教师研修计划，立足应用、整校推进、全员参与，并组建“骨干引领、学科联动、团队互助、整体提升”的研修共同体，形成“学校指导有方案，学科组互助有计划，教师提升有目标”的校本研修常态机制，通过教师线上学习、线下实践、交流共享稳步推进教师专业水平能力提升工程。

面对信息技术2.0提升工程，在学科组内按备课组划分学习小组，以新带老，互帮互助。教师们根据学校总体部署，结合学科特点，在学科组长组织下选定提升目标能力点，学校、学科组、备课组分层培训，细化任务，分解目标，将信息技术培训与解决教学和教研中的真问题有效结合，教师们学习热情高涨。

在我校2021年教学年会期间全部展示课均充分利用智慧教研平台和听课本App，并在研修平台上传，进行网络听评课活动，将信息技术与学科教学充分整合。教师们依托移动终端实现课前准备、教案编写、听课记录、课程录播、点评研习等教学环节。大数据的高效利用，教学资源的互通共享增强了教育教学的实效性。

依托智慧教研平台，积极开展线上线下相结合的协同教研模式。学校教学管理干部对教师校本研修全过程数据采集和分析，为教师专业发展提供诊断数据。学科组带领全体教师用好国家教育资源公共服务平台以及区域教育资源平台，完善已有的校本教学资源库；总结汇聚生成协同教研主题资源库，形成了注重以融合的思想、跨学科的思维为视角、以解决教学实际问题为取向的校本研修体系。

学习是激发工作动力的“加速器”，是创新工作思路的“转化器”，是转化工作实践的“倍增器”。有效的学习不仅仅能收获知识，更能启迪智慧。

随着新课程改革的不断深入、教育理念的不断更新，学校和教师必然会遇到一系列的问题与挑战。校本教研具有主体性、合作性和实践性等特征，能够帮助教师解决教育教学实践问题。有效的校本教研不仅是新课程改革顺利推进的需要，也是教师专业发展的内在诉求。深度参与校本教研，探索创新新角度，是值得每一位高中数学教师尝试的。

第五章

实施方略：

师生共生共长课堂教学操作指南

师生关系的变革是师生共生共长课堂实施中的重要部分，在实践之前必须抛弃固有的、陈旧的师生关系理念，建立起新的课堂教学观念和友爱和修、其乐融融的师生关系。教育家陶行知把师生关系看作学校基本要素之一，他否定当时社会师生之间权威和服从的关系，并严肃批判师生间的“知识贩卖”现象：在教师方面，他们来到学校抱了一个“维持饭碗”的态度，把上课好像看作是出卖他们的话。而在学生方面，以为交了学费来上课，就是花了钱来买教师的话——学校简直成一个“卖话买话”的大市场，教室便成了“卖话买话”的铺店。这样的关系是不正确的。他认为，“先生的责任不在教，而在教学，而在教学生学”，也即是说师生之间应当是平等对话、互相成就的关系，要让学生成为课堂的主人，授之以渔而非授之以鱼。那么，在实际操作中应当如何激发学生的学习兴趣和探索欲，营造起良好的课堂氛围呢？本章对实施方略作了详细介绍，提出探究式教学的作用和重要性，并且给出了具体实例以供参考。

第一节

策略规划：探究式教学激发学生兴趣

《普通高中数学课程标准》提出了要发展学生的数学抽象、逻辑推理、数学建模、直观想象、数学运算、数据分析六大数学学科核心素养，要发展学生自主学习能力，树立敢于质疑、善于思考、严谨求实的科学精神。要提高学生的实践能力和创新意识，更提出“四基”“四能”的目标（即基础知识、基本技能、基本思想、基本活动经验；发现问题能力、提出问题能力、分析问题能力、解决问题能力）。这些都指向一种教学方式——探究式教学。探究式教学作为一种现代教学方法，以学生为中心，有助于学生潜能的开发和探索精神的塑造。

一、探究式教学的核心概念、内涵及理论基础

（一）核心概念及内涵

1.探究式教学

探究式教学（Inquiry Teaching），又称发现法、研究法，是指在学生学习概念和原理时，教师只是给学生一些事例和问题，让学生自己通过阅读、观察、实验、思考、讨论、听讲等途径去独立探究，自行发现并掌握相应的原理和结论的

一种方法。它的指导思想是在教师的指导下,以学生为主体,让学生自觉、主动地探索,掌握认识和解决问题的方法和步骤,研究客观事物的属性,发现事物发展的起因和事物内部的联系,从中找出规律,形成自己的概念。在探究式教学实施的过程中,学生的主体地位、自主能力都得到了提升。

2.数学探究式教学

数学探究式教学是指教师创设引发学生探究的数学情境,组织和指导学生主动地观察、发现问题,提出假设或猜想,经过调查和实验,搜集资料,建立数学模型,并通过分析、归纳、思考等活动,积极地理解和建构数学知识、发展数学思维,让学生亲自感受和体验数学知识产生的过程,培养学生克服困难、勇于探索、敢于创新的科学精神和实践能力。

二、数学探究式教学的实施操作

(一)高中数学课堂实施探究式教学的基本步骤

高中数学课程一般可分为数学知识新授课、数学解题方法习题课和数学章节复习课。实践表明,在高中数学课堂教学中可以广泛使用探究式教学。笔者通过自己进行课堂教学实践总结出在高中课堂教学中实施探究式教学的基本步骤为激趣导思,自主探究—发现问题,合作探究—动手实践,体验探究—交流分享,建构探究—拓展思维,延伸探究。下面就这五个步骤进行阐述和分析。

1.激趣导思,自主探究

这一步骤可以分成课前和课上两个环节。在进行数学概念课教学时,可以设置一些能激发学生兴趣的探究活动来引导学生进行课前预习。

例如，在进行“椭圆的定义及标准方程”一节的教学时，就可以给学生布置课前预习探究活动：让学生利用小纸板、图钉和绳子制作简单的数学教具，并通过自己操作，实际探究椭圆的轨迹定义。这样的探究活动简单有趣，让学生在自主探究中完成对课前知识的预习。在数学公式学习的课上环节，教师不仅要教会学生数学公式，更需要带领学生感受公式的发现和推导过程，这就需要教师设置问题引导学生自主探究公式的发现和推导过程，激发学生的学习欲望，把学生引入积极探究、主动学习的氛围中。

2. 发现问题，合作探究

随着课堂学习的深入，教师引领学生进入课堂重点和难点教学环节。在此环节，教师以教材内容为主要学习资源，通过前期引导学生探究学习数学概念和公式，引导学生提出自己弄不懂或者解决不了的问题，教师再结合本节课的教学目标在学生的最近发展区设置引导问题，启发学生思考。教师首先给予学生一定的自学时间，让一部分数学功底较好的学生能独立自主地找到解决问题的办法，然后进行小组合作探究，在小组内分享学习经验和成果，完成问题解决。

例如，在椭圆标准方程的学习中，方程的推导是本节内容的教学难点：学生根据前面所学知识完成建系、设点、列方程、化简、检验这些求曲线方程的步骤，但是在如何恰当选取坐标系这一环节，教师并不是直接告知学生方法，而是让学生结合所学设计自己的建系方法，并在自己建立的坐标系下求椭圆方程；教师将采用不同方法的学生分成不同学习小组，小组内各个成员间互帮互助解决问题。

3.动手实践,体验探究

数学课堂教学中,不论是数学概念、数学公式还是解题方法的学习,新课程都倡导让学生自主探究。只有学生亲自动手实践得到的结论,才能真正内化为学生自己的知识储备。

例如,在椭圆方程的推导过程中,学生选择了建系方式,教师要鼓励学生亲自动手实践,运用所学求曲线方程的基本方法推导标准方程。学生在亲自动手实践的过程中体验解决问题的方法,感受探究教学和自主学习的作用。

又如,在讲解“几何概型”一节内容时,教师事先让每个小组学生课前制作不同形状的纸板,同时准备一盒绿豆。在课堂上,学生小组合作在不同形状的纸板上画出几何图形,并将豆子随机撒到纸板上,学生亲自数出纸板上全部的豆子数和图形中的豆子数,利用豆子数量之比与面积之比的关系来实际验证几何概型的原理。此举加深了学生对几何概型的理解。

4.交流分享，建构探究

《基础教育课程改革纲要》（简称《纲要》）提出，课程改革要培养学生的四种能力——搜集和处理信息能力、获取新知识能力、分析和解决问题能力、交流合作能力。《纲要》把培养学生交流合作能力作为课堂教学的要求。高中数学课堂首先就要改变过去教师“一言堂”的状况，教师要创设学生交流的情境，让学生畅所欲言，让学生们的数学思维在课堂的天空里遨游，让学生和教师的思维真正能碰撞出知识的火花。

例如，在让学生自主探究推导椭圆方程的教学中，如何建系是本节内容的难点，不同的建系方式推导出的方程的形式不同，计算的简繁程度也不同。这个时候，教师就不能像以往那样因为怕耽误时间而“强制”学生运用规定的方法建系推导，把学生独立的数学思维“扼杀”在萌芽状态中，而是要允许学生用自己的想法去解决问题，允许学生走弯路。教师还要让采用不同方法的学生在课堂上充分阐述自己选择建系的方法和思路，同时展示各自建系方法下推导出的椭圆方程。在这个过程中，学生能直观地比较哪种建系方法推导出的椭圆方程更简洁，从而提高解决问题的能力。

5.拓展思维，延伸探究

在高中数学课堂上创设探究的情境引导学生自主探究，是新课改提倡的教学方法。但是培养学生的探究精神不应仅仅局限在课堂教学中，更要延伸到课下。教师要结合教学内容创设适当的问题激发学生在课后继续探究的兴趣。这就需要教师应根据教学预设和课堂教学实际找到合适的切入点，提出拓展延伸的任务。

例如，学生在课上没有解决的问题，或是课上解决了但是仍存有争议的问题，也可以是问题的一题多解，或者是对下节内容的预习引入等。教师给学生布置课下任务，引导学生对提出的问题继续思考、探究和实践，能真正帮助学生养成探究学习的习惯，全面提升学生的数学素养和能力。

又如，“圆的方程”一节的教学，在课堂上教师引导学生探究过圆外一点和过圆上一点的切线问题：在求切线方程的方法上，学生可以自主探究得出设点斜式方程，然后用待定系数法求解的方法。在通过练习反馈落实后，教师可以启发学生探究切线上任意点的坐标满足方程这一轨迹的思想来解决过圆上一点的切线问题。教师布置这个任务，让学生在课下按照求动点轨迹的思路尝试解决此问题，有助于培养学生运用向量解决问题的思维方法，提高学生解决问题的能力。

（二）实施探究式教学需注意的问题

1.充分利用课堂主阵地，不放弃每一个让学生自主探究的机会

在日常数学教学中，有很多知识是可以由学生自主探究学习的，例如“圆与圆的位置关系”的教学，可以放手让学生先去试，再考虑如何量化。又如椭圆、双曲线标准方程的推导，教师可以放手让学生自己应用学过的求曲线方程的方法去自主探究，学生在建坐标系的过程中可能会走弯路，但是教师不能因为怕麻烦而直接带领学生推导，让学生亲力亲为感受“合理建系”对方程推导及结果的影响是必要的过程。学生运算能力的提高不能单靠教师讲，否则，方程的推导就变成了学生进行计算变形的练习。这样的教学内容，教师如果都能引导学生充分地自主探究，假以时日，学生就会形成对问题的探索和发现意

识。当然，这样的教学一定会花费较多时间，但是从全面培养学生数学素养的角度去衡量，时间花得值。一旦学生形成了良好的数学意识，教育结果必将事半功倍。

2. 结合课本教学，加强数学应用的实践探究活动

数学源于生活，服务于生活。要培养学生的数学应用意识和创新意识，教师就应在教学中采撷和日常生活联系紧密的内容，结合课本中阅读与理解、实验与探究和研究性学习等内容设置丰富的数学实践活动，引导学生亲自动手、动脑去找方法，应用所学数学知识解决实际问题，从而增长学生的基本数学活动经验，培养发现问题、提出问题、分析问题能力和解决问题能力。

例如，在“解三角形”一章中，可以给学生设置测量问题，学生在实地探究解决问题的过程中更好地感受正弦、余弦定理和三角形相关知识的应用；又如在函数的应用和数列学习后，可以引导学生自己针对贷款、银行利率等问题找到身边的实际模型，自己运用所学知识进行分析解决问题，激发学生学习数学的兴趣，提升学生学习数学的能力。

3. 科学适度地设置开放性探究问题，激发学生创新意识

探究式教学法实施的关键在于教师能设置科学有效的问题来引导学生学习探究，在这一步骤中需要教师注意以下问题。

设置问题要顺应学生的最近发展区。教学要适合学生的心理发展规律，在问题的设置上要考虑到学生已有的认知水平和知识储备，在此基础上，遵循“最近发展区”原理，所设置的问题应在学生能力范畴之内，略高于学生已有水平，让学生运用已有的知识和能力自主探究而获得提升。事实证明那些过于

简单或者过于困难的问题对引发学生学习兴趣是毫无用处的。

问题的设立要允许学生有不同的答案和见解，满足开放性的要求，旨在帮助学生在分析、解决问题的过程中学会探究和思考，给予学生开阔的思路，才能培养学生正确的学习方法和观念。

另外，要注意问题分层次。由于学生之间的差异和学习基础的不同，在设计问题的时候要将问题分为不同的层次，让所有的学生在探究中都有所收获，体验到问题解决后的喜悦和成就感，这样就更能激发起全体学生的学习兴趣和动力，使之积极主动地参与到学习中来。

如果说“问题是探究之源”，那么引导探究这一环节就是这一教学法的核心环节。教师设置了科学有趣的问题，激发了学生学习的兴趣，接下来，如果继续以往那种以教师教为主要途径的教学模式，则不能很好地体现新课改的要求，也不能真正做到让学生学会学数学。所以，在问题设置之后，教师要做的是引导启发学生自主思考解决问题的办法，组织学生合作探究，引领学生循序渐进地朝着问题解决的方向前进，最终掌握解决问题的方法，学会学习。

如在数学习题的“一题多解”能力培养中，应试训练过分重结论，即使是一题多解的训练往往也仅仅是数学技巧的变换，对于开阔学生的思维不能起到根本作用。中小学生学习知识的直接目标不是追求立竿见影地去解决实践中的问题，也不仅是为了“考试得高分”，而主要是通过学习掌握和运用知识的过程，促进学生的脑力活动——训练大脑活动的科学程序，使学生学会动脑思考问题的方法，不断改善思维功能，提高思维能力。即学会多角度思考问题，科学缜密地推理，逐步形成“讲话合逻辑，做事有根据”的心智模式。故此，通过丰富认知情感来提升学生的认知能力，这是一个永恒的教育教学大课题。为此，教师要适度选取具有开放性的探究问题，答案可以不唯一，从多个角度训练学生的数学思维，不断改善学生的思维方式。

例如，二次函数含一个参变字母立即生动许多；二次函数、一元二次方程、一元二次不等式融为一体，似繁实简，从根本上简化了对“三个二”的认识。又如，为深入理解立体几何概念设置以下题型：α和β是两个不同的平面，m和n是平面α及β之外的两条不同的直线，给出四个论断：①$m\perp n$；②$\alpha\perp\beta$；③$m\perp\beta$；④$n\perp\alpha$。以其中三个论断作为条件，余下一个作为结论，写出你认为正确的一个命题。该问题综合考查学生对于线面垂直、面面垂直概念的理解，答案不唯一：可以是②③④→①或者是①③④→②。这类问题的探究可以帮助学生建立开放探究的思维，使学生从模式化的数学题型解答中跳出来。

4.增加师生交流和生生交流合作探究的机会，促进思维火花碰撞

不能否认，学数学是需要独立思考和深入思考的。不同个体间的思想交流，可以增加学生思维的深度，教师应结合课堂教学多组织学生开展小组合作学习，引导学生在合作中分享数学思维的果实。小组合作学习是在学生自主思考的基础上进行的，如果没有学生个体的独立思考，学生就不能产生对知识的理解和感悟，也不能发现问题、提出疑问，这样的“合作”就会流于形式，变成学生之间简单的对答案。为此，教师在设置合作探究内容时，必须注重设置有层次、有梯度的问题，引领学生思维方向，启发学生探究问题的实质。可以利用引入学案等方式创设问题情境，师生间、生生间在探究的学习氛围中形成合作共享、思维碰撞产生火花的学习氛围。

在实践小组合作学习时，如果只是采用按照座位的随机分组，没有事先规划，不考虑组内学生的水平和分工，往往会让小组合作流于“同位讨论”，而且也会产生部分主动性不强或成绩不理想的学生“搭便车”的问题，不能让小组中的每个学生都在合作学习中获得提升，各组推选上来发言交流的也总是那几个同学，且发言的状态仅仅表现为“变换了回答问题的地点”。

所以，我在采用这一方法时，先对学生实施小组合作学习进行培训，然后学生推荐和我指定相结合选出七个小组负责的学生；学生自己报名组建小组，每组6人。各小组提前一天领取任务，组长进行任务分工；各小组内有负责控制时间的、有负责记录的、有负责搜集资料的……每个组员都有自己的任务。在课上，组长结合本组负责解答的题目的特点安排发言同学，这时上来发言的学生状态已趋于自然，在我的提醒下，也渐渐让自己站在了“小老师”的位置。任务完成后，我又让每个组作了学法总结，让小组学习同伴互助，提高了学习效果。最后又给每个小组出了几道习题，限时答完；学生先进行组内自我评价、研究订正，然后以组为单位上交采分，作为小组整体评价之一，这样就大大地激发学生逐渐形成小组学习的团队意识。这样的小组合作可以让数学课堂真正能在生生互动中实现共同探究的目的。

三、不同类型高中数学课堂探究式教学的实践探索

（一）基于数学实验活动的探究教学

现在的高中数学教学，应试的需要把师生拉入题海汪洋之中，学生整日“练练练，算算算”，生动而又深刻的思维活动被“机械模仿”取代，被形式化的

热热闹闹的活动所取代，这些都降低了基础性数学教育的价值。按照皮亚杰的理论，数学的认知是一种活动和反省的过程。《普通高中数学课程标准》把“数学学习，数学教学”合并为“数学活动”。数学活动意即数学教育在活动中进行，可表示为“数学+活动”。活动是形式，是实现目标的手段，应引导学生通过活动学习数学，并把活动贯穿数学教学的始终。

学生通过画一画、拼一拼、摆一摆、量一量、剪一剪、数一数等形式，在“做中学”、在“学中做”，学生在活动中感受到愉悦、轻松和快乐。苏霍姆林斯基说过：“当知识与积极的活动紧密联系在一起的时候，学习才能成为孩子精神生活的一部分。”学生在活动中，体脑结合，手脑并用，减轻了学习负担，他们的兴趣、爱好和个性特长得以充分发挥，发现问题、解决问题的能力得以进一步发展。数学教学是数学活动的教学是新课程理念中的重要数学教学观。从实践活动数学化入手，通过生动形象可操作的数学活动，丰富学生的认知情感，培养学生探究的学习热情，进而达到提升学生的认知能力的目标，这是数学基础教育科学育人的必由之路。教材内外能使学生看得见、摸得着、可操作的数学化素材极多，教师在数学活动的教学观指导下，应把其视为珍宝，勇于到深山隐境探宝。

例如，在“指数函数”的教学中，由于指数函数是高中阶段的第一个初等函数，要通过本节课的教学让学生掌握研究函数的一般方法，落实指数函数的图像性质，传统的教师讲授、强化的教学模式下，学生只是被动记忆，很难感受到知识探究的过程和其中所渗透的数学方法，因此我在教学设计中采用了探究式教法，在知识的导入上，采用实际问题中所蕴含的数学知识引发学生的兴趣，进而提出所要研究的课题，并结合知识点设置了五个相关的层次清晰的问题引导学生自主探究：观察实际问题的数学模型，思考其函数定义；在已建立的函数模型中思考定义域和底a的取值范围；回顾初中研究二次函数的一般方法；小组合作利用“几何画板”绘制函数图像，观察图像探究函数图像特征；同伴互助尝试自主探究，抽象归纳出指数函数性质。

这样在开始上课时就给学生设置了探究问题，以问题探究充分调动学生的积极性；接下来指导学生自己利用“几何画板”绘制准确的指数函数图像，并利用自己绘制的图像解决教师布置的探究问题；教师参与其中，与学生进行合作学习，充分发挥学生自主探究的学习意识和独立思维。学生在研究图像解决问题的探究过程中，更充分地体会函数思想和学习研究函数的一般方法，从而在主体参与、自主探究的过程中学到了知识、提高了能力。

这种教学方式一改以往由教师制作课件，学生仅仅观看演示的方法，而是教师以任务驱动，全体学生参与制作，主动探究，极大地调动了学生的求知欲望。

在教学中，通过让学生自己动手制作具有动态效果的图像，在学生自主探究的过程中更有效地使学生领悟数学思想，激发学生更积极的思维活动，在教师的引导下学生自己发现和探索知识。这样教师在课堂上“讲”的内容，已被由学生积极参与的数学实验活动所代替。学生的“听讲”和“记笔记”的学习方式变为观察、实验和主动地思考探求的方式，充分体现了学生在学习中的主体地位。

实践证明，学生非常乐意接受这种以生为本的数学实验活动的探究式教学，学习效果良好。

（二）探究教学法在分层施教中的运用

《国家中长期教育改革和发展规划纲要（2010—2020年）》指出，要深化教育教学改革，创新教育教学方法。注意学思结合，注意知行统一，注意因材施教。这对现行的教学制度有着极大的考验。在传统的教学模式中，因材施教往往体现在课堂练习和课后作业的分层上，而这并不足以引导学生在个人能力和知识水平上得到真正的因材施教，这便需要教师在课堂教学中引入新方法。

探究教学法有助于激发和调动每个学生的学习兴趣和积极性，教师要在教学中根据不同层次学生的“最近发展区”创设任务或进行问题引导，让学生主动探究，每个学生通过自主探究达成学习目标。以习题课为例，数学基础较差的学生往往关注答案是否正确，而忽略基本的数学思维的方法和逻辑是否掌握。因此在课程设计上，我会提出四个问题，“这是什么类型的题”“这种题用什么办法求解，这种解法怎么做的”“这种解法有什么特点”“用这种解法的时候有什么需要注意的地方”。这种问题可以引导学生们在做习题时进行自我总结，在不断研究数学方法的过程中自然而然地形成属于自己的数学思想。

常规数学考题多出自考试要点，然而高考中的创新题往往是让人动手、动脑的数学命题，因为考试是面对全体学生，要考查各层、各类知识和能力。

教师利用问题引导学生探究归纳发现，看似很难、很乱的题目，特殊化归纳一下，规律自现，答案立即顺理成章地得出。

高中数学教学有时功利思想严重、应试味道太浓，此问在坚持高考“能力立意”的导向性上积极作用明显。这就要求教师在日常的教学中要适当地选择此类问题，对于学有余力的学生，此类问题是提高其数学素养的“宝贝”。引领学生动手、动脑，主动思考，创设学生自主探究的情境，要知道创新人才就是在这样的数学情境中诞生的。

（三）基于现代信息技术的探究式教学法

教学改革始终要和时代发展的脚步并行，以现代信息技术为支撑的课堂教学改革，才可以帮助学生在教学过程中逐步发展出这个时代需要的创新精神和探究能力。在高中数学课堂上运用信息技术激发学生自主探究一般有以下形式：

1.基于信息技术创设探究情境

在这种融合的模式下，以信息技术作为教学工具，教师以其制作的直观、逼真的教学课件，给学生创设形象、生动的情境，激发学生的求知欲，引导学生主动探究。

例如，在《随机事件与概率》一节的教学中，教师依托信息技术模拟抛掷骰子和体育彩票摇奖，让学生通过不同的实例抽象出有限样本空间概念，以及利用样本空间描述一个随机试验的结果，从而使学生在浓厚的兴趣下投入到思考和探究利用集合语言与样本点描述一个随机事件中来，有效地提高了学习效率，活跃了课堂气氛，更好地发展了学生的概率思维、数学抽象、数学语言表达与交流能力。

2.基于数学实验的自主探究式学习

建构主义学习理论和素质教育都强调充分发挥学生的主体地位，所以在数学教学中，教师就要利用信息技术与学科的融合来培养学生主动参与学习的意识和积极探索的精神。

例如，对于高一代数的教学，重点是函数的图像和性质，于是我在教学设计中就将信息技术整合的切入点安排为：由学生自己动手利用“几何画板”进行数学实验，制作严谨精确的函数图像；由学生根据自己绘制的函数图像探求函数性质。

3.基于网络资源的互动探究学习

微课、慕课的极速兴起，让互联网成为课堂教学的延伸。教师可以制作简短而知识点明确的授课视频在微课、慕课平台发布，并通过网络给学生布置学习任务，学生可以选择自己喜欢的时间任务驱动主动探究，在课堂教学有限的时间内师生共同完成知识的巩固和落实，让教学真正能实现“翻转课堂”。教师也可以利用网络和学生就某些问题一起争论、探究，真正做到让学生参与到教学中来，体现出新课程所要求的教师与学生共同实施课程教学的教育理念。

4.基于学案导学的探究式教学

“学案导学”是指以教师在课前结合当堂课内容编写学案为载体，以导学为方法，以教师的指导为主导、学生的自主探究为主体，师生共同合作完成教学任务的一种教学模式。这种教学模式一改过去老师单纯地讲、学生被动地听的“满堂灌”的教学模式，教师在编写学案的时候注意设置引导学生主体探究的问题和环节，充分体现教师的主导作用和学生的主体探究作用，使主导作用和主体作用和谐统一，发挥最大效益。

在课前使用学案时，教师要确保学案设计的合理性，给予学生充足的预习时间，使学生能够对学案的内容充分了解，还要对学生的预习结果进行点评，以便及时了解学生对学案的使用情况。在课中使用导学案时，教师要注意发挥学生的主体作用，使学生能够主动进行合作探究式的学习。教师在尊重学生主体地位的基础上，也要给予学生一定的指导与点拨，可以让学生在学习学案时整理自己的学习心得与学习经验，然后教师针对学生的不同情况因材施教，从而充分发挥学案的教学价值，提高数学课堂的教学质量。

四、函数 $y=A\sin(\omega x+\varphi)$ 的性质及应用学案

（一）教学目标

知识与技能：结合图像学习探究函数 $y=A\sin(\omega x+\varphi)$ 的性质；学习研究此类函数性质的基本数学思想；会利用函数性质结论解决具体问题。

过程与方法：自主探究的过程中培养学生动手能力、观察能力、分析总结问题能力和探索研究的学习意识，学习数学思想的过程中培养学生整体看问题的能力。

情感态度价值观：通过让学生自己发现问题、解决问题，培养学生勇于战胜困难，积极探索的精神，通过合作探究，培养学生团结协作的意识。

（二）教学重难点

重点：函数 $y=A\sin(\omega x+\varphi)$ 的性质。

难点：函数 $y=A\sin(\omega x+\varphi)$ 的性质的探究及应用。

（三）教学过程

1.课前复习

	Y=sin$x$	Y=cos$x$	Y=tan$x$
简　图			
定义域			
值　域			
周期性			
奇偶性			
单调性			
对称性			

2.复习导入

问题1：用“五点法”作$y=A\sin(\omega x+\varphi)(x\in R)$的简图，主要是通过变量代换，设$z$=____，由$z$取____、____、____、____、____来求相应的值，通过列表，然后描点，再用平滑的曲线连接，就可以得到一个周期内的函数图像，最后向左、右扩展就得到$y=A\sin(\omega x+\varphi)(x\in R)$的图像。

问题2：要得到函数$y=A\sin(\omega x+\varphi)(x\in R)$的图像，还可以由函数$y=\sin x$图像进行____、____、____三种变换得到。

问题3：将函数$y=\sin x$的图像上各点的横坐标都________，可以得到函数$y=\sin 2x$的图像，再将此函数图像向____平移____，可以得到函数$y=\sin(2x+\dfrac{\pi}{3})$。

3.新课

问题探究一：绘制函数$y=2\sin(2x+\dfrac{\pi}{4})$的图像，并结合图像探究函数

$y=2\sin(2x+\frac{\pi}{4})$的定义域、值域、最小正周期、单调性、对称轴和对称中心。

问题探究二：探究一中问题的解决主要采用了哪种数学思想？形如$y=A\sin(\omega x+\varphi)$的函数是否可以具有奇偶性？

问题探究三：结合探究一的方法研究函数$y=A\sin(\omega x+\varphi)$（$A>0,\omega>0$）的性质，并完成下表。

定义域	
值　域	
周期性	
奇偶性	
单调性	
对称性	

4.典型例题

例1.已知函数$f(x)=\sin(2\omega x-\frac{\pi}{6})+1$的最小正周期为$\pi$，且当$x=\frac{\pi}{6}$时，函数有最小值，求$f(x)$的一个解析式。

例2.已知函数$f(x)=\sin(\omega x+\phi)(\omega>0,0\leqslant\phi\leqslant\pi)$是$R$上的偶函数，其图像关于点$M(\frac{3\pi}{4},0)$对称，且在区间$[0,\frac{\pi}{2}]$上是单调函数，求$\omega$和$\phi$的值。

设计意图：通过两个典型例题，教师引导学生运用学到的数学方法和知识解决具体问题，同时引导学生在解决问题的过程中进一步落实本节课主要内容，培养严谨的学习态度。

5.练习反馈

（1）已知函数$f(x)=\sin(\omega x+\frac{\pi}{3})(\omega>0)$的最小正周期为$\pi$，则该函数图像的对称中心为__________，对称轴为__________。

（2）下列函数中，图像的一部分如图所示的是__________

A. $y=\sin(x+\frac{\pi}{6})$

B. $y=\sin(2x-\frac{\pi}{6})$

C. $y=\cos(4x-\frac{\pi}{3})$

D. $y=\cos(2x-\frac{\pi}{6})$

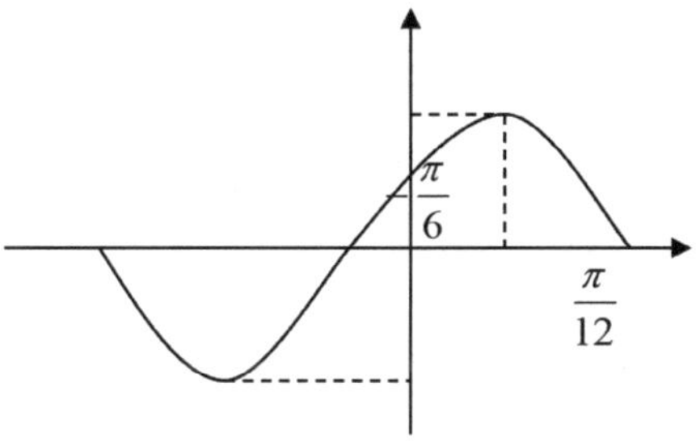

设计意图：利用习题当堂反馈学生学习情况，由学生独立完成，学生自己订正。

6.课堂小结

研究函数$y=A\sin(\omega x+\varphi)$（$A>0$，$\omega>0$）性质的基本方法；函数$y=A\sin(\omega x+\varphi)$（$A>0$，$\omega>0$）的性质及应用。

7.拓展延伸

类比研究函数$y=A\sin(\omega x+\varphi)$（$A>0$，$\omega>0$）性质的基本方法探究函数$y=A\cos(\omega x+\varphi)$（$A>0$，$\omega>0$）的性质。

设计意图：引导学生学会类比的研究方法。

教师在复习引入和新课讲授环节均设计了引导学生自主探究的问题和任务，让学生在教师的引领下一步步探索发现、动手实践，最终完成知识建构。学生要在学案导学教学中转变观念，在教师的引导鼓励下，摒弃被动接受的惰性，主动参与到教学活动中来，全员参与、全程参与；要在学习过程中，转变学习习惯，依案自学、主动探究、合作交流、依导释疑、归纳总结、检测反馈；要在检测反馈后，加强反思，自我评价、自主内化，增强自身的学习能力，学会学习。

第二节

教学案例：思维性引导点亮课堂明灯

“注重提高学生的数学思维能力”是高中新课程的基本理念之一，随着时代的发展、新课改的推进，学校数学教育的教学理念、教学方法和教学目的都需要变革和创新，如何培养学生的自主思维能力也逐渐成为一个重要课题。过去传统的数学教学模式中，教师在讲台上自顾自讲解数学知识、学生在座位上做笔记的教学方式已经不利于提高学生的自主思维能力，因此在师生共生共长课堂中需要调动学生的灵活性和自主性，对学生展开数学思维训练。如下为在教学中进行数学思维训练实例：

一、构建知识网络，进行数学思维灵活性训练

在高中数学的学习过程中，优化和完善学生的数学知识结构是有必要的。在教学的阶段就应该让学生明白，他们所学的任何知识，并不是零碎的、彼此孤立的，而是息息相关、环环相扣的。这就要求他们能根据知识的相关性，通过不同的层次来架构知识之间的逻辑，建立知识之间的相互联系。因此，高中数学学习需要学生在把新知识与多方面的各种因素建立联系的过程中，建构

新知识与各方面因素之间的知识网络，从而真正理解知识的意义。

在构建数学知识网络时，教师应该重视讲解数学知识的本质特征及其内在的逻辑联系，使知识具有整体性和系统性。要以基本的概念和原理为核心，“螺旋式”地安排课堂内容，使学生能够反复地接触重要的概念和原理，还要将数学的观念、思想和方法放在数学知识结构的核心地位。

任何一门学科都不是孤立知识的集合，孤立的知识教学不可能建立起层次分明和紧密联系的网络系统。学生的数学学习过程是以已有数学认知结构为基础，把新知识纳入自己头脑中的数学知识结构中去的过程。在这一过程中必须使新的数学知识与已有数学认知结构中的有关观念建立起联系，也就是要使学生真正理解数学知识的本质逻辑。

在学生构建好自己的知识网络之后，还要重视它的综合应用价值，不能会学而不会用。教师要时刻提醒自己，在授课时尽量将复习的知识点纳入已经复习的知识网络中去，而且在解决一些典型题目时，可以先回顾相关的知识点以及由此知识点而发散出的网络，然后广泛讲解本题目所需要用到的概念或公式，进而从关联的知识点中找到解题的思路和灵感。

在构建知识网络的过程中，最重要的是要注意培养学生的数学思维能力。数学思维要求在思考时充分发挥学生的想象力，突破原有的知识面，通过知识之间的重新组合与碰撞，找出更多、更新的思路与答案。在数学教学中教师不仅要传授知识，而且还要根据教学实际，有意识、有目的地培养学生的数学思维，使学生在亲身体验中掌握数学知识的内在联系，理解所学知识。

以讲解函数与方程的思想为例：

函数与不等式的相互转化，对函数$y=f(x)$，当$y>0$时，就化为不等式$f(x)>0$，借助于函数的图像和性质可解决有关问题，在研究函数单调性等性质的时候也要用到不等式的知识。

数列的通项与前n项和是自变量为正整数的函数，可以用函数的观点去处理数列问题。

函数$f(x)=(a+bx)^n$与二项式定理关系密切，利用这个函数，用赋值法和比较系数法可以解决很多关于二项式定理的问题及各项系数之和的问题。

解析几何中的许多问题，例如直线与二次曲线的位置关系问题，就需要通过解二元方程组才能解决，涉及二次方程和二次函数问题。

立体几何中有关线段、角、面积、体积的计算需要运用列方程或建立函数表达式的方法解决，建立空间向量后，更需要解决方程问题。

*Eg*1. 设$a>b>c$，且$a+b+c=0$，抛物线$y=ax^2+2bx+c$被x轴截得的弦长为L。求证：$\sqrt{3}<L<2\sqrt{3}$。

分析：本题是以抛物线弦长问题为切入点，解题思路中的关键是将L看成a,b,c的函数，在根据不等式和方程确定定义域，从而利用函数值域的探求解决问题。

证明：

$\because a>b>c$，且$a+b+c=0$，$\therefore a>0,c<0\Rightarrow\triangle=4b^2-4ac>0$。

$\because L=4(\frac{c}{a}+\frac{1}{2})^2+3$，

将L看成是$\frac{c}{a}$的二次函数，下面要确定$\frac{c}{a}$的取值范围：

$\because a>b>c$，且$a+b+c=0$，$a>(-a-c)>c$ $\therefore -2<\frac{c}{a}<-\frac{1}{2}$。

接下来就可以利用二次函数在该区间上的单调性，求得值域为 $3<L<2\sqrt{3}$。

评注：本题在求解过程中构造了L和$\frac{c}{a}$的函数关系，利用二次函数的相关性质得以顺利解决问题。

$Eg2$.若不等式$x^2+ax+1\geqslant 0$对一切$x\in\left(0,\frac{1}{2}\right]$成立，则$a$的最小值为（　）

$A.0$，　　$B.-2$，　　$C.-\frac{5}{2}$，　　$D.-3$

分析：解决本题的突破口是看到题目给了x的取值范围，所以运用函数思想，构造a关于x的函数，然后利用函数的单调性求解。

解析：不等式$x^2+ax+1\geqslant 0$对一切$x\in\left(0,\frac{1}{2}\right]$成立$\Leftrightarrow a\geqslant -(x+\frac{1}{x})$对一切$x\in\left(0,\frac{1}{2}\right]$成立，令$g(x)=-(x+\frac{1}{x})$，则$g'(x)=-1+\frac{1}{x^2}$

当$x\in\left(0,\frac{1}{2}\right]$时，$g'(x)>0$恒成立，

$\therefore g(x)$在$\left(0,\frac{1}{2}\right]$上单调递增，$g(x)_{max}=g'\left(\frac{1}{2}\right)=-\frac{5}{2}$，

$\therefore a\geqslant -\frac{5}{2}$，答案为$C$。

评注：本题如果按照一般的含参二次函数在某区间上的值域考虑也可以讨论对称轴和定义域求解，但是要涉及分类讨论思想，作为选择题求解略显烦琐，也容易出现失误。而运用函数思想构造函数求解，可以使问题顺利突破。

二、从形象思维入手，训练学生数形结合能力

在数学学科的发展过程中，数形结合思想是最重要的思想之一，其主要是

借助几何图形的特点来表达一些数量的基本概念，将抽象的数学原理用直观的图形表现出来，帮助学生更好地理解数学原理与知识。

高中数学的知识往往比较具有抽象性，有时会让学生难以理解。教师在教学的过程中，如果只是跟随着课本死板地进行讲解的话，很容易让学生在理解的过程中出现偏差。虽然学生们运用死记硬背的方法能够帮助其记忆数学的原理，但是也会存在着一些理解上的问题，对他们长期的数学学习是不利的。因此，教师在课堂上可以渗透数形结合的思想，通过图形结合的方式，帮助学生更好地理解数学内容。

另外，数形结合的思想也可以把复杂的图形问题转化为比较简单的数量问题，帮助学生在解题时获得比较准确的答案。所以，数学教师在课堂中，应该主动地去渗透数形结合的思想，将比较复杂的问题变得更加简单，帮助学生理清数学问题的思路，从而有效地拓展其学习思维，从根本上提高学生的数学水平。

解析几何在高中的数学教学中占有举足轻重的地位，它本身就既包括代数思想，又需要一定的几何思维，正是数形结合考察的重难点。而从学生的学习状况来看，许多学生在解题时往往只是对常见套路的生搬硬套，不但不理解其概念、定义、性质，还不能真正理解解析几何的本质，再加上计算较为复杂，学生在一定程度上产生了畏难情绪。因此，教师在讲解解析几何这一部分时，要注意将数形结合的思想渗透其中，帮助学生了解其本质，形成清晰明了的学习和解题思维。

*Eg*1.解方程$\sqrt{x-5}=mx+2$

分析：本题为含参方程，可按照参数和无理根式成立的条件分类讨论求解，但是往往讨论情况较多较复杂，易出现失误，如果将等式两边看成两个函数，结合函数图像和解析几何的相关知识求解，可大大简化解题过程。

解：令 $\begin{cases} y_1=\sqrt{x-5} \Rightarrow y_1^2=x-5(y\geqslant 0) \\ y_2=mx+2 \end{cases}$，可画出图像为抛物线的上半支和过（0,2）点斜率为 m 的直线。

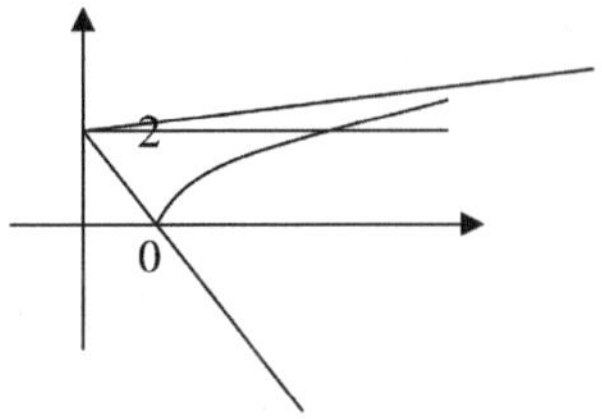

结合图像可知 $m=0, x=9$

$m=\frac{1}{10}, x=30$

$-\frac{2}{5}\leqslant m<0, x=\frac{1-4m-\sqrt{-20m^2-8m+1}}{2m^2}$

$0<m<\frac{1}{10}, x=\frac{1-4m\pm\sqrt{-20m^2-8m+1}}{2m^2}$

$Eg2$. 设 $y>0, x>0, x^2-y^2=1$，求 $\frac{y}{x-2}$ 的取值范围。

分析：将所求式子整理成 $\frac{y-0}{x-2}$，可联系解析几何看成双曲线 $x^2-y^2=1$ 在第一象限内的点（x,y）与定点（2,0）的连线的斜率。

解系：画出图像，如下所示：可知 $k\in(-\infty,0)\cup(1,+\infty)$。

三、课堂引导探究，从特殊到一般训练学生抽象概括思维

概括是指把抽象出来的若干事物的共同属性归结出来，从而进行综合考察的一种思维方法，概括的过程就是从个别到一般的过程。数学抽象概括在数学教学的过程中无处不在。任何一个数学概念、法则、公式、规律等的学习，都要用到抽象概括。高中数学教学中，教师要善于引导学生进行抽象概括，培养学生的抽象概括能力，学会把具体问题抽象为数学问题，进而提高学生的数学能力。

对于一个新的数学概念，学生要先认识到具体的形式，从感性认识逐步过渡到理性认识，然后再运用已经理解的知识解决实际问题，进而实现巩固和应用。这就要求我们教师应从总体上把握教学目标、设计教学方法，帮助学生在概念的学习过程中逐步建立抽象概括的思维。

例：在学习函数$y=A\sin(\omega x+\phi)$性质时，教师利用具体的函数，由学生自己绘制图像研究基本性质，使学生通过解决具体问题形成感性认知。

问题探究1：绘制函数$y=2\sin(2x+\frac{\pi}{4})$的图像，并结合图像探究函数$y=2\sin(2x+\frac{\pi}{4})$的定义域、值域、最小正周期、单调性、对称轴和对称中心。

问题探究2：问题探究1中问题的解决主要运用了哪些数学思想和方法？形如$y=A\sin(\omega x+\phi)$的函数是否可以具有奇偶性？

设计意图：该问题是引导学生在解决问题的过程中提炼数学思想方法，同时启发学生在探究问题的过程中自己发现问题，解决问题。

问题探究3：类比问题探究1的解决办法研究函数$y=A\sin(\omega x+\phi)(A>0,\omega>0)$的性质，并完成下表：

定义域	
值　域	
周期性	
奇偶性	
单调性	
对称性	

四、推理论证和分类讨论能力的训练培养学生逻辑思维

数学思维之中的推理论证能力，可以充分发掘学生的潜力，而培养学生推理论证能力的过程，则需要教师持之以恒的不懈努力。在这过程中高中数学老师要着重吸引学生的学习兴趣、重视学生的积极参与，使他们投入到数学的探究过程中。设计合适的教学模式，对学生推理论证能力的培养可以起到积极向上的影响，切实培养学生的推理论证能力。

分类讨论，是根据数学属性的相同点及不同点，将数学分为不同的种类的一种有效的数学思想。对于学生来说，使用分类讨论思想可以将复杂问题分为不同的模块，通过分块来实现问题的求解，体现出学生对数学问题的解题能力以及和分析能力。

在解决数学问题时，需要将蕴涵在数学知识背后的数学思想方法“挖掘”出来，既要掌握数学知识，又要掌握数学能力。学生推理论证和分类讨论能力的培养需要一个长期的过程，需要在实践和训练中得到发展，可以通过经常性的思维训练去提高学生的综合能力。

例：在数列$\{a_n\}$与$\{b_n\}$中，$a_1=1$，$b_1=4$，数列$\{a_n\}$的前n项和S_n满足：

$nS_{n+1}-(n+3)S_n=0$，$2a_{n+1}$为b_n与b_{n+1}的等比中项，$n\in N^*$

（1）求a_2，b_2的值；

（2）求数列$\{a_n\}$与$\{b_n\}$的通项公式

（3）设$T_n=(-1)^{a_1}b_1+(-1)^{a_2}b_2+\cdots+(-1)^{a_n}b_n$，$n\in N^*$，证明$|T_n|<2n^2$，$n\geqslant 3$

分析：根据题意，由a_1及$nS_{n+1}-(n+3)S_n=0$，可求a_2及$\{a_n\}$的通项公式，

再由b_1和$2a_{n+1}$为b_n与b_{n+1}的等比中项，可求$\{b_n\}$的通项公式，

第三问的证明，注意应用推理及分类讨论合理推证。

（1）解：由题设有$a_1+a_2-4a_1=0$，$a_1=1$，解得$a_2=3$，

由题设又有$4a_2^2=b_2b_1$，$b_1=4$，解得$b_2=9$。

（2）解法一：由题设$nS_{n+1}-(n+3)S_n=0$，$a_1=1$，$b_1=4$及$a_2=3$，$b_2=9$，进一步可得，

$a_3=6$，$b_3=16$，$a_4=10$，$b_4=25$，猜想$a_n=\dfrac{n(n+1)}{2}$，$b_n=(n+1)^2$，$n\in N^*$。

先证$a_n=\dfrac{n(n+1)}{2}$，$n\in N^*$。

当$n=1$时，$a_1=\dfrac{1\times(1+1)}{2}$，等式成立。

当$n\geqslant 2$时，用数学归纳法证明如下：

当$n=2$时，$a_1=\dfrac{2\times(2+1)}{2}$，等式成立。

假设当$n=k$时等式成立，即$a_k=\dfrac{k(k+1)}{2}$，$k\geqslant 2$。

由题设，得$kS_{k+1}=(k+3)S_k$，$(k-1)S_k=(k+2)S_{k-1}$。

两式相减得$ka_{k+1}=(k+2)a_k$，从而$a_{k+1}=\dfrac{k+2}{k}a_k=\dfrac{k+2}{k}\cdot\dfrac{k(k+1)}{2}=\dfrac{(k+1)(k+2)}{2}$。

∴当$n=k+1$时等式成立。

∴可证$a_n=\dfrac{n(n+1)}{2}$对任意的$n\in N^*$成立。

同理可用数学归纳法证明$b_n=(n+1)^2, n\in N^*$成立。

解法二：由题设得$nS_{n+1}=(n+3)S_n, (n-1)S_n=(n+2)S_{n-1}$。

两式相减整理得：$na_{n+1}=(n+2)a_n, n\geqslant 2$。

∴$2a_3=4a_2, 3a_4=5a_3, \cdots, (n-1)a_n=(n+1)a_{n-1}, n\geqslant 3$。

将以上各式左右两端分别相乘，得$(n-1)!a_n=\dfrac{(n+1)!}{6}a_2$

由（1）并化简得$a_n=\dfrac{n(n+1)}{6}a_2=\dfrac{n(n+1)}{2}, n\geqslant 3$

上式对$n=1,2$也成立。由题设有$b_{n+1}b_n=4a_{n+1}^2$，∴$b_{n+1}b_n=(n+2)^2(n+1)^2$

即$\dfrac{b_n}{(n+1)^2}\cdot\dfrac{b_{n+1}}{(n+2)^2}=1, n\in N^*$

令$x_n=\dfrac{b_n}{(n+1)^2}$，则$x_n x_{n+1}=1$即$x_{n+1}=\dfrac{1}{x_n}$

由$x_1=1$，得$x_n=1, n\geqslant 1$

∴$\dfrac{b_n}{(n+1)^2}=1$，∴$b_n=(n+1)^2$

（3）证明思路：就$n=4k, n=4k-1, n=4k-2, n=4k-3$分类讨论，变量代换的思想可得。

归纳小结：本题主要考查等差数列概念、通项公式及其前n项和公式、等比数列的概念、等比中项、不等式证明、数学归纳法等基础知识，通过训练培养学生的推理论证能力和分类讨论思想的运用。

五、“函数的奇偶性”

（一）教学目的

理解函数的奇偶性及其几何意义；学会运用函数图像理解和研究函数的性质；学会判断函数的奇偶性。

（二）教学重难点

教学重点：函数的奇偶性及其几何意义。

教学难点：判断函数的奇偶性的方法与格式。

（三）教学过程

1.引入课题

观察下图，思考并讨论以下问题：这两个函数图像有什么共同特征吗？相应的两个函数值对应表是如何体现这些特征的？

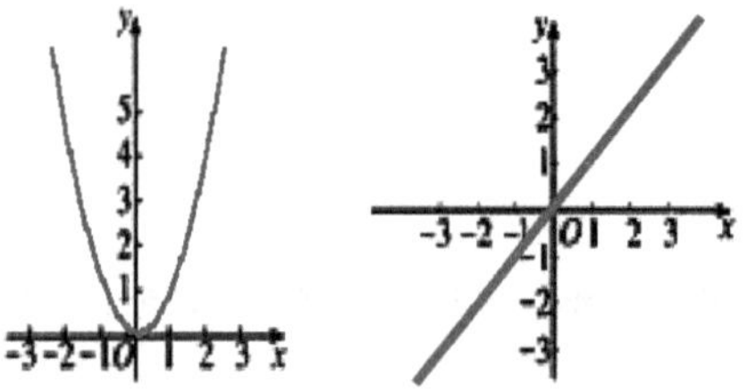

2.新课教学

偶函数（*even function*）：一般地，对于函数$f(x)$的定义域内的任意一个x，都有$f(-x)=f(x)$，那么$f(x)$就叫作偶函数。

学生活动：仿照偶函数的定义给出奇函数的定义。

奇函数（*odd function*）：一般地，对于函数$f(x)$的定义域内的任意一个x，都有$f(-x)=f(x)$，那么$f(x)$就叫作奇函数。

注意：函数是奇函数或是偶函数称为函数的奇偶性，函数的奇偶性是函数的整体性质；由函数的奇偶性定义可知，函数具有奇偶性的一个必要条件是，对于定义域内的任意一个x，则$-x$也一定是定义域内的一个自变量（即定义域关于原点对称）。

具有奇偶性的函数的图像的特征：偶函数的图像关于y轴对称。奇函数的图像关于原点对称。

3.典型例题

（1）判断函数的奇偶性

例题：教材$P36$例3。应用函数奇偶性定义说明两个观察思考中的四个函数的奇偶性。（本例由学生讨论，师生共同总结具体方法步骤）

例题：教材$P46$习题1中3B组每1题。说明：函数具有奇偶性的一个必要条件是，定义域关于原点对称，所以判断函数的奇偶性应首先判断函数的定义域是否关于原点对称，若不是即可断定函数是非奇非偶函数。

总结：利用定义判断函数奇偶性的格式步骤：首先确定函数的定义域，并判断其定义域是否关于原点对称；确定$f(-x)$与$f(x)$的关系；作出相应结论：若$f(-x)=f(x)$或$f(-x)-f(x)=0$，则$f(x)$是偶函数；若$f(-x)=-f(x)$或$f(-x)+f(x)=0$，则$f(x)$是奇函数。

（2）利用函数的奇偶性补全函数的图像

教材$P41$思考题。规律：偶函数的图像关于y轴对称；奇函数的图像关于原点对称。说明：这也可以作为判断函数奇偶性的依据。巩固练习：教材$P42$

练习1。

（3）函数的奇偶性与单调性的关系

学生活动：举几个简单的奇函数和偶函数的例子，并画出其图像，根据图像判断奇函数和偶函数的单调性具有什么特殊的特征。

例题：已知$f(x)$是奇函数，在$(0,+\infty)$上是增函数，证明：$f(x)$在$(-\infty,0)$上也是增函数。

解析：(由一名学生板演，然后师生共同评析，规范格式与步骤。)

规律：偶函数在关于原点对称的区间上单调性相反；奇函数在关于原点对称的区间上单调性一致。

4.归纳小结

本节主要学习了函数的奇偶性，判断函数的奇偶性通常有两种方法，即定义法和图像法，用定义法判断函数的奇偶性时，必须注意首先判断函数的定义域是否关于原点对称。单调性与奇偶性的综合应用是本节的一个难点，需要学生结合函数的图像充分理解好单调性和奇偶性这两个性质。

5.作业布置

书面作业：课本$P46$习题1.3（A组）第9、10题，B组第2题。

补充作业：判断下列函数的奇偶性：$f(x)=\dfrac{2x^2+2x}{x+1}$；$f(x)=x^3-2x$；$f(x)=a$（$x\in R$）

$$f(x)=\begin{cases}x(1-x) & x\geqslant 0,\\ x(1+x) & x<0.\end{cases}$$

课后思考：已知$f(x)$是定义在R上的函数，设$g(x)=\dfrac{f(x)+f(-x)}{2}$，$h(x)=\dfrac{f(x)-f(-x)}{2}$

试判断 $g(x)$ 与 $h(x)$ 的奇偶性；试判断 $g(x)$，$h(x)$ 与 $f(x)$ 的关系；由此你能猜想得出什么样的结论，并说明理由。

（四）函数的奇偶性学案

1. 课前复习

函数单调性定义：一般地，设函数 $y=f(x)$ 的定义域为 I，如果对于定义域 I 内某个区间 D 内的任意两个自变量 x_1，x_2，当________时，都有______________，那么就说函数 $y=f(x)$ 在区间 D 上是____________________。

利用单调性定义证明函数 $y=f(x)$ 在给定区间 D 上的单调性的一般步骤：__________________。

2. 新课

函数奇偶性定义：如果对于函数 $f(x)$ 定义域内的________都有________，则称 $f(x)$ 为奇函数；如果对于函数 $f(x)$ 定义域内的________都有________，则称 $f(x)$ 为偶函数。

注意：函数是奇函数或是偶函数称为函数的____________，函数的奇偶性是函数的整体性质；由函数的奇偶性定义可知，函数具有奇偶性的一个必要条件是____________。

判断函数的奇偶性：

(1)$f(x)=x^4$　　(2)$f(x)=x^5$　　$f(x)=x+\dfrac{1}{x}$　　(4)$f(x)=\dfrac{1}{x^2}$　　(5)$f(x)=\sqrt{\dfrac{1+x}{1-x}}$

小结：判断函数奇偶性的一般步骤：____________。

3. 奇偶函数图像性质：

偶函数的图像：____________。

奇函数的图像：____________。

例题：已知函数$y=f(x)$是偶函数，它在y轴右边的图像如下图，画出在y轴左边的图像。

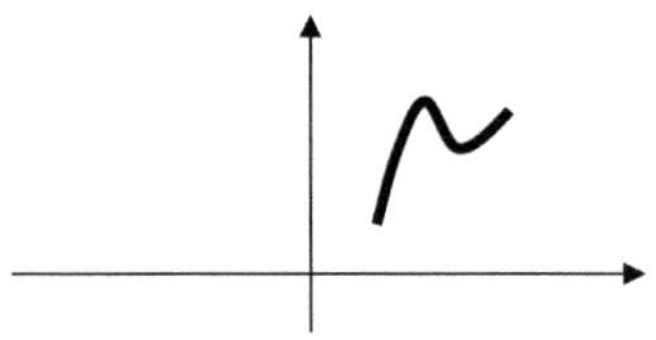

例题：已知函数$y=f(x)$是奇函数，它在y轴右边的图像如下图，画出在y轴左边的图像。

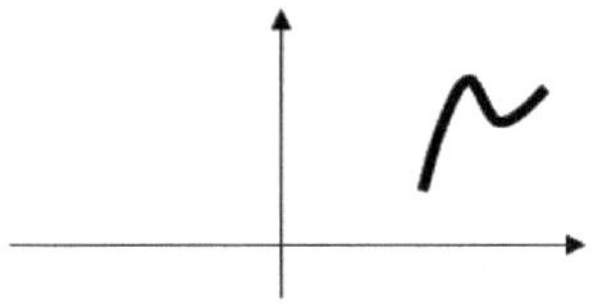

4. 函数奇偶性与单调性关系

例题：已知$f(x)$是奇函数，在$(0, +\infty)$上是增函数，证明：$f(x)$在$(-\infty, 0)$上也是增函数。问题：如果$f(x)$是偶函数，结论如何呢？

结论：偶函数在关于原点对称的区间上单调性________；奇函数在关于原点对称的区间上单调性________。

课堂小结：定义、图像性质、单调性与奇偶性关系、应用。

课堂延伸：已知$f(x)$是定义在R上的函数，设$g(x)=\frac{f(x)+f(-x)}{2}$，$h(x)=\frac{f(x)-f(-x)}{2}$，试判断$g(x)$与$h(x)$的奇偶性；试判断$g(x)$，$h(x)$与$f(x)$的关系；由此你能猜想得出什么样的结论，并说明理由。

探究式教学中的思维性引导是一举多得的好事。对于教师来说，是一种有益的实践，既能带动自身教学知识的更新，又能提高教学水平，推动教学工作的创新。对于学生来说，可以在教师的带领下转变对于数学课堂呆板枯燥的刻板印象，激发主动获取知识的热情，提升探究能力，掌握自己学习的方法。把数学学习作为一种有趣的思考游戏，学习成绩也能自然而然地提升。

第三节

观念建构：转变教学观顺应时代要求

习近平同志多次在讲话、视察、座谈中指出："百年大计，教育为本；强国富民，育人为先。"我国正处于社会主义建设新时代，需要大批有理想、有素质的青年人才建设祖国、共筑中国梦。因此，转变过去"唯分数论"的教学观念是十分必要的。只有顺应时代要求，重新建构起新型数学教学观，才能良好实施师生共生共长课堂。

一、新课改背景下数学教学观的更新

数学作为自然科学的基础，也是考试的重点考查学科，在基础教育阶段历来都是师生投入最多的。大多数数学教师和学生每天几乎都沉浸在题海中，模式化的应考训练充斥着日常教学，似乎这样才能让学生提高解题能力，取得优良成绩。然而成绩并不能与能力画上等号，培养出成绩高的学生远远不够，只有培养出拥有良好数学思维能力的学生，才可以顺应时代的发展需求。

（一）教师教学观念的转变

教育改革始终要从观念入手。在传统的教学中，教师就是权威，学生只需要服从。这样的方法虽然延续多年，但在不断的教学实践中，人们发现死板的教学方法并不高效，也无法满足每一个学生的成长需求，学生无法真正成为具有优秀数学思维和数学能力的专业人才，反而成为解题的“熟练工”。为提升学生的综合素养，新课程改革吹响号角。

在新课程改革的课堂教学中，教师要成为学生学习的促进者、学生学习能力的培养者和学生人生的引路人。教师在教学过程中应与学生积极互动、共同发展，处理好传授知识与培养能力的关系，注重培养学生学习的独立性和自主性，引导学生质疑、调查和探究，在实践中学习，促进学生在教师指导下主动地、富有个性地学习。教师要尊重学生的人格，关注学生间的个体差异，满足不同学生的学习需要，创设能引导学生主动参与的教育环境，激发学生的学习积极性，培养学生掌握和运用知识的态度和能力，使每个学生都能得到充分的发展。在互联网+的时代，教师还要大力推进信息技术在教学过程中的普遍应用，促进信息技术与学科课程的整合，逐步实现教学内容的呈现方式、学生的学习方式、教师的教学方式和师生互动方式的变革，充分发挥信息技术的优势，为学生的学习和发展提供丰富多彩的教育环境和有力的学习工具。

（二）学生学习方式的转变

新课程改革的一个重要内容就是学生学习方式的转变。传统学习方式建立在人的客体性、受动性和依赖性的一面上，从而导致人的主体性、能动性和独立性的销蚀，学生被动记忆、模仿和重复，无法培养创新思维和能力。新课改要求教育要弘扬人的主体性、能动性和独立性，这就必须倡导自主学习，变接受学习为发现学习和探究学习。“接受学习”中，学生是知识的接受者，传统的学习方式过分强调接受而忽视发现和探究。“探究学习”中，学生是知识的发现者和探究者。要提升学生发现、提出、分析和解决问题的能力就必须强调发现、探究和研究学习；要培养学生的创新精神和实践能力，就必须转变学习方式。新课改提倡的现代学习方式，可以概括为自主终身学习。其主要特征如下：

1. 主动学习

学生对学习的内容有了浓厚的兴趣，就能主动地学习；也只有学生主动地学习才能真正构建其自己的知识系统。

2. 独立学习

很多时候教师总是不放心让学生自己独立探究，而教师的过多干预、帮助会让部分学生产生依赖心理，从而渐渐丧失独立分析和解决问题的能力。所以新课改更加提倡教师尊重学生的独立性，鼓励学生独立探究，并利用机会培养学生独立学习的能力。

3. 自觉学习

自觉学习在学习活动中的表现为“我要学”，是基于学生对学习的一种内在需要。要想让学生自觉学习，就需要激发学生学习的兴趣，让学习变成学生的一种享受，学生会越学越想学，越学越爱学，从而真正做到自觉学习。

4. 发展性学习

新课程理念倡导“立足过程，促进发展”的评价理念。发展性学习是以促进学生发展为最高目的的活动，其在学习中强调过程；通过对学生学习过程的反馈，可达到促进学生全面、主动和持续发展的目的。

新课程理念强调学习的问题性、过程性和开放性。教师要指导学生应具备的学习方式为：自主学习、自我导向、自我激励、自我监控；合作学习，学生在小组或团队中为了完成共同的任务，有明确的责任分工的互助性学习；探究学习，从学科领域生活中选择确定研究主题，通过自主、独立地发现问题等从而获得能力发展。

（三）探究教学观念的建立

《普通高中数学课程标准》倡导的学生自主探索、动手实践、合作交流、阅读自学的数学学习方式有助于发挥学生学习的主动性。这就要求教师在教学观念上要树立让学生的学习过程成为在教师引导下"再创造"的过程的意识；高中数学课程应力求通过各种不同形式的师生合作、问题探究，让学生通过自主的行为实践，体验数学发现和创造的历程，发展他们的创新意识，最大化地开发学生的潜能。同时，教师也要关注学生的个体差异，创设适应不同层次学生的探究活动，让每一个学生都能感受到数学学习的乐趣，真正让学生成为学习的主体，让数学学习的乐趣促进每个学生和谐发展。

二、《中国学生发展核心素养》的要求

2016年9月13日《中国学生发展核心素养》正式发布。学生发展核心素养，主要指学生应具备的，能够适应终身发展和社会发展需要的必备品格和关键能力。研究学生发展核心素养是落实立德树人根本任务的一项重要举措，也是适应世界教育改革发展趋势、提升我国教育国际竞争力的迫切需要。核心素养从文化基础、自主发展、社会参与三大方面确立了以下六大学生核心素

养：人文底蕴、科学精神、学会学习、健康生活、责任担当和实践创新。其中，“学会学习”在学习意识形成、学习方式方法选择、学习进程评估调控等方面对学生提出了综合性要求。包括乐学善学、勤于反思、信息意识等。“实践创新”主要是指学生在日常活动、问题解决、适应挑战等方面所形成的实践能力、创新意识和行为表现。具体包括劳动意识、问题解决、技术应用等。

教育是知识创新、传播和应用的主要基地，也是培育创新精神和创新人才的摇篮。教师在教学中要引导学生自主学习、快乐学习，独立探究、勇于创新，根据《中国学生发展核心素养》的要求，顺应时代变化，锐意进取，敢于尝试，通过转变、更新自己的教学观念并付诸教学实践，为我国高中数学教育开创一番新景象。

第四节

技巧总结：巧用心理学突破课堂难点

教育心理学是研究在教育情境下人类的学习、教育干预的效果、教学心理，以及学校组织的社会心理学，是研究教育教学情境中学与教的基本心理规律的科学。学习教育心理学、了解教育中的科学依据，可以帮助教师更主动地驾驭教学方法和教育手段，改进教学模式，从而提高教学质量。在建设师生共生共长课堂的过程中，我们可以通过巧妙运用教育心理学来设计课程、改良教学方法，以培养学生的良好道德品质、突破课堂教学中的重难点。

现代教育已经从重知识转变为重能力的教育，对人才的培养也更进一步确定了着眼于全面的高素质人才。而作为一名优秀人才最为重要的就是具备良好的道德品质。作为教育工作者就要思考如何把学生培养成具有“爱国守法，明理诚信，团结友善，勤俭自强，敬业奉献”良好道德品质的合格人才，我通过认真学习《教育心理学》并结合自己的一些教学经验，总结出以下几点体会：

优秀的道德品质不会自发的形成，它需要经过精心地培养和灌输，学校的道德教育是根据教育目标——社会对教育的要求而提出来的，自然这种教育就如一般的教学一样,应该考虑到学生的心理特点及心理活动的规律。

一、培养学生的道德情感

道德情感是人的道德需要是否得到实现所引起的内心体验,是推动人产生道德行为或制止不道德行为的内在动力。这种情感应包括如:爱国主义情感、国际主义情感、同志间的阶级情感、义务感、责任感、事业感等,这些情感往往是交叉的,综合的。教师要培养学生良好的道德情感就需从情感产生的三种形式入手。

(一)直觉的情绪体验

学生产生某种道德情感有些时候是由于某种情境的感知而产生的。因为是直觉的,所以是由于一瞬间对情境的感知而产生的积极或消极的情绪体验,而这种体验涉及的道德标准往往不是十分清楚,这个时候就需要教师能及时把握机会,对情境加以分析,在思想上进行引导,使学生对情境产生正确的感知,从而形成积极向上正确的情绪,作为道德行为的定向。

(二)与具体的道德形象相联系的情绪体验

学生常常会通过想象,通过形象而发生作用产生一种情感。例如,从岳飞、文天祥这些历史人物身上,通过这些形象体现社会道德规范和要求,更好地理解社会道德规范。道德形象起到了从感性认识到理性认识过渡的作用。

基于具体的道德形象可以引发学生的道德情感这一作用,作为教师,尤其是班主任就应在日常教学中多渗透这种形象的教育。可以给学生讲述一些优秀的知识分子为了祖国的繁荣昌盛,拒绝国外重金挽留,回国报效的感人壮举；讲述在关键时刻挺身而出，为了人民的利益，不顾个人安危勇斗歹徒的英雄行为；也可以让学生们观看如《话说长江》等爱国主义教育的电视节目，以激发学生的爱国主义情感，形成优秀的道德品质。

（三）从道德情感上升到道德理论的情绪体验

在产生了丰富的道德情感之后，随着学生自身道德认知的加深，人生观的建立，使学生将意识上升到道德理论，是更高级情感的形成。教师可以利用这种比较持久而富有强大推动力的情感使学生从理论上意识到个人与祖国的关系和对祖国应尽的义务，意识到自己对社会应负的责任，而渐渐形成良好的道德品质。

教师还可以组织学生召开主题班会，对自己身边的道德现象进行分析讨论，提出自己的见解，在对实际问题的再认识中进一步的提高自己的道德理论。

从以上可以看出培养学生的道德情感，应注重理论认知和形象具体教育相结合的方式，既加强学生的道德认知，丰富其道德观念，又要充分利用实际生活中的艺术作品、人物形象等例子来感染、升华学生的道德情感，从爱父母，爱家乡，爱国旗等基础情感培养起，慢慢上升到对祖国应尽的责任，个人与国家、个人与社会等与高级道德理论相联系的情感。

除此之外，教师还要注意培养学生善于控制调节自己的情绪，注意消除在道德品质形成时所出现的情绪障碍，使学生始终在积极、向上的心理情绪下形成良好的道德品质。

二、道德行为的培养

学生的道德品质如果离开了道德行为只能说明完成了一半，当学生懂得道德的行为准则和道德理念，形成了积极的道德情感后，还有是否以其为指导和动力付诸行动的问题，这就需要教师对学生的道德行为加以训练。

（一）增强道德意志的训练

学生是否具备坚强的道德意志，直接关系到他是否可以为了实现道德要求，战胜利己的动机而实施道德行为，所以教师就要注意培养学生的道德意志。可以创设一些具有困难的情境，组织学生行为练习。如学生面对一些不良现象，教师就可以以班会的形式假设某种情境，让同学们参与分析，教师给予指导鼓励等方式来逐步克服。

又因为学生各不相同，意志力的薄弱环节也各不相同，教师应针对不同类型，采取不同的训练措施。如有的要从培养其自觉性，目的性着手；有的要从提高其积极性，培养其控制力着手；有的则要不断鼓励其奋发精神……只有使学生具有了坚强的道德意志才可以进而培养成良好的道德品质。

（二）帮助学生建立自信是培养良好道德品质的必要方面

学生的主业是学习，在学习的过程中帮助其建立自信是培养学生良好道德品质的必要方面。学生在学习的初期往往都会有很好的愿望，树立充分的信心，但是随着在学习过程中遇到困难，遭受挫折，信心就会渐渐减退，而影响其学习的动力和兴趣，甚至会使学生产生放弃的想法。这种情况在毕业年级的一部分中后学生中常常会出现，尤其要引起教师的注意，要尽快想办法帮助学生走出低谷，建立自信。很多学生在失去学习信心后会出现怠惰、自暴自弃的现象，这会影响学生的个人成长。因此，教师应抓住一切机会，对出现自卑的心理的学生，教师应给予鼓励和支持，由简入难，由浅至深，让学生在学习的过程中建立坚强、自信的美好品质。

（三）道德行为习惯的养成还需消除坏习惯

道德行为的形成多数时候需要根据给予学生的良好榜样所重复的某种简单行为，并进行有目的，有意识的练习，而在练习中应注意及时消除坏的行为习惯。消除坏习惯，首先要使学生认识到坏习惯的害处，其次还需辅助一些适当的措施，如合理的奖惩，活动替代法，矛盾反应法等，使学生在理论上认清坏习惯的本质，从而在行为上加以避免。

因此，行为习惯是属于整个道德品质的组成部分，是与道德动机的教育相结合的。只有形成了良好的行为习惯，才可以说具有了优秀的道德品质。教师不应只教授学生知识，还要教学生做人，所以就应该注意培养学生的道德情感和道德行为，而只有遵循教育心理学原理才可以达到事半功倍的效果。

教育心理学从教育的角度去研究心理规律，为实际教学提供科学的理论指导，这不仅是对心理学理论的补充和扩展，也是对于教育学的重要推动力。新时代的教师都应当积极主动地学习教育心理学知识，结合实际教学进行研究探索，并将其应用在课堂教学设计中，解决可能出现的难题。

第六章

沉思积淀：

构建师生共生共长课堂的教学反思

海涅有言："反省是一面镜子，它能将我们的错误清清楚楚地照出来，使我们有改正的机会。"实际上，反思精神是中华民族传统文化中耀眼的一笔。习近平同志指出，要有以刀刃向内的自我革命精神，广泛听取意见，认真检视反思，把问题找实、把根源挖深，明确努力方向和改进措施，切实把问题解决好。习近平同志重要讲话精神应用到师生共生共长课堂建设中也是具有启发性的。"反思"一方面指不断地反复思考，另一方面也指不断地从反面思考自己的教学行为，从中寻找可以继续提高教学水平的地方。有反思精神的教师，会不断地检验自己已有的教育理念以及过去、现在的教育教学行为，不断地追问自己、否定自己，不断发现自己理论上的缺失和行为上的疏忽，从而实现自我超越。要想成为一名与时俱进的优秀教师，就要学会从内心深处审查自己的缺点，从失败中找教训，从错误中学经验，为教学工作寻找创新支点。在亲身实践、建设了师生共生共长课堂后，我沉思积淀，认识到实践活动中存在的不足，对教学活动提出反思，改进短板，并对未来方向提出建议和展望。

第一节 构建师生共生共长课堂的基本条件

自改革开放以来，党和国家始终把提高全民族的素质作为关系社会主义现代化建设全局的一项根本任务。近年来，“减负”也是一个热词，是社会高度关注的焦点，教育部提倡要建立起健康的教育秩序，构造风清气正的教育生态。完善学业考试办法，建立综合素质评价制度等。这些都为构建师生共生共长课堂提供了政策上、现实上的基本条件。

2017年天津市已全面进入高考改革，数学作为新高考政策中学生最后要“一考定音”的两门学科之一，学制贯穿三年，教学内容也将随着《普通高中数学课程标准》的出台而调整。走班制、分层教学等高考新政下的教学模式也将影响高中数学教学。同时，2014年2月天津市教委出台了最严减负令，规定中除了对义务教育阶段的学生学习时间做出了严格规定，对高中阶段的学生在校时间也做了相关规定：高中普通年级周六一律不允许加课、学生每天要在17：30之前离校，高三毕业班每天要在19：00前离校，周六允许补课一天，寒暑假可以补课不超过一周。规定以来，学生在校上课的时间少了，教师在校的工作时间也大大减少，确实让广大师生体会到了减负的好处。但是减负意味着减课，在高考社会压力下，家长对高中教育，尤其是高中数学这样的高考科目上期望高，减负会不会影响学习质量？这是许多家长的质疑，也是减负长久以来难以推行的原因。

同时，学生减负，学校和教师的负担却增加了。在高考新政的实施中，走班制、分层教学、教育信息化都会冲击传统的课堂教学模式，我们不能再靠给学生加班加点提高成绩，而是要靠教学改革，靠教科研，靠提高教师素质，提高课堂效率，保证教学质量。减负的同时要增效，教师要通过改变教学方式，学生要改变学习方式，养成良好的学习习惯和掌握高效的学习方法，提高教学质量，以适应新高考政策。

《国家中长期教育改革和发展规则纲要（2010－2020）》指出："把育人为本作为教育工作的根本要求。人力资源是我国经济社会发展的第一资源，教育是开发人力资源的主要途径，只有教学做得好，才能培养出这个时代需要的人才。只有在教学实践中始终把学生当作主体，教师当作主导，发挥学生的主观能动性，引导学生进行积极主动的探索，才能有效培养学生个人能力发展，让教育之花在青少年成长过程中绽放。

《普通高中数学课程标准》也倡导积极主动、勇于探索的学习方式。要求教育要充分体现学生在学习过程中的主体地位，认为"学生的数学学习活动不应只限于接受、记忆、模仿和练习，高中数学课程还应倡导自主探索、动手实践、合作交流、阅读自学等学习数学的方式"。这些方式有助于发挥学生学习的主动性，使学生的学习过程成为在教师引导下的"再创造"过程。同时，高中数学课程设立“数学探究”“数学建模”等学习活动，为学生形成积极主动的、多样的学习方式进一步创造有利的条件。

师生共生共长课堂要激发学生的数学学习兴趣，鼓励学生在学习过程中，养成独立思考、积极探索的习惯，这样引领学生主体探究的课堂教学，不仅能让学生亲自感受和体验数学知识产生的过程，培养学生克服困难、勇于探索、敢于创新的科学精神和实践能力，更能最大限度地提升学生自主学习意识，让学生感受到数学学习的乐趣，做到学而不累，真正做到减负增效。

第二节

构建师生共生共长课堂的注意事项

“数学教学是数学活动的教学”，这样的新教学观来源于新课改的实际要求。在构建师生共生共长课堂的过程中，必须注意新课改的导向，从教育政策、考试题型、考核方式、评价体系等方面深挖细节，紧跟国家教育改革步伐，不断更新自己的教学理念，及时调整课堂教学模式与方向，按照教育规律办事，保证共生共长课堂始终维持正确的航向，为学生未来健康发展打好基础。本节以一道题为例，谈谈如何从“蛛丝马迹”中看新课改下数学教学观的更新。

我们以2012年天津中考数学试卷中的第18题为例，该题是一道不拘泥模式化题型，需要学生动手、动脑、调动已有学习活动的经验，估计、猜想加分析的活题。题目是已定论的“历史名题”不能用尺规作图解决的三等分角的问题，把一个角放进网格情境下，让学生设计一个三等分角的方案，要求降低到只需简要说明作法，无须证明。结果绝大多数学生束手无策，甚至一些优秀学生直言考后看了“标答”也不明白；一些初中毕业班把关教师也惊呼：怎么考这样的题？太“偏、难、怪”了；“这是竞赛题”很多老师这样认为。事实是否如此呢？我们先来看看该题的内容和解答。

例题：2012年天津市初中升学考试第18题。“三等分任意角”是数学史上一个著名问题。已知一个角$\angle MAN$，设$\angle \alpha=\frac{1}{3}\angle MAN$。

（Ⅰ）当$\angle MAN=69°$时，$\angle \alpha$的大小为＿＿＿＿＿（度）；

（Ⅱ）如图，将$\angle MAN$放置在每个小正方形的边长为1cm的网格中，角的一边AM与水平方向的网格线平行，另一边AN经过格点B，且$AB=2.5cm$。现要求只能用带刻度的直尺，请你在图中作出$\angle \alpha$，并简要说明作法（不要求证明）。

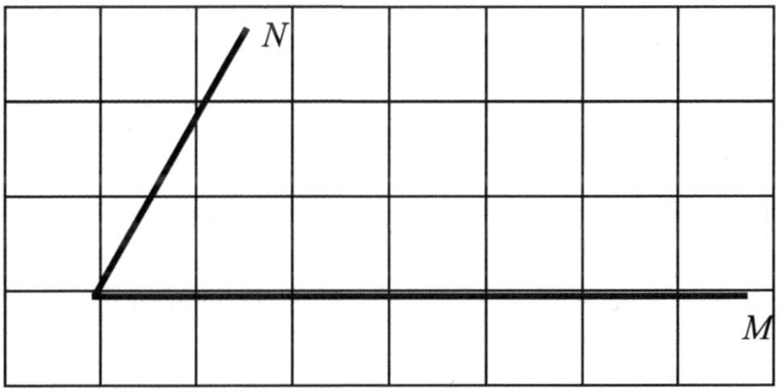

标答如下：解：（Ⅰ）23°；

（Ⅱ）如图，让直尺有刻度的一边过点A，设该边与过点B的竖直方向的网格线交于点C，与过点B的水平方向的网格线交于点D；保持直尺有刻度的一边过点A，调整点C、D的位置，使$CD=5cm$，画射线AD，此时$\angle MAD$即为所求的$\angle \alpha$。

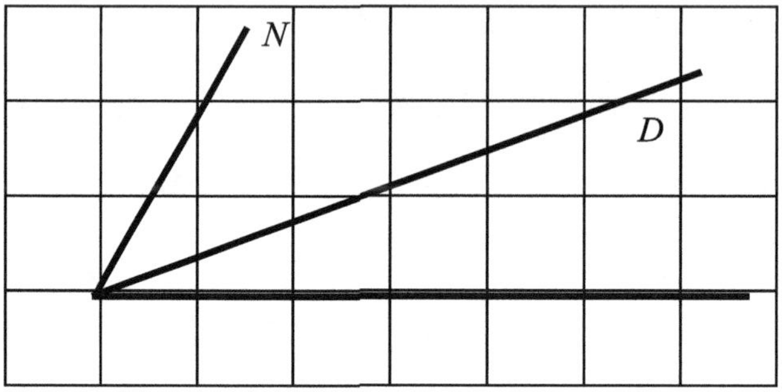

一、分析与思考

此题是"意料之外,情理之中"的好题。正向解读,发人深思,导向性极强。

分析与思考1:"三等分任意角"历史已有定论,用"尺规作图"不可能实现,怎么会出现在初中升学考试考题中？此乃意料之外。

分析与思考2:冷静思考,题目给了丰富的附加条件。给了网格,等于给了精细化的平面直角坐标系,而平行线使得平行的性质可以用。题目明确给出"角的一边AM与水平网格线平行",暗示我们可借用平行线的性质来帮助找角。

分析与思考3:给了网格,则直角随处可见,直角三角形不用你精心构造,随处都有。B是格点,线段$AB=2.5cm$等条件更坚定我们构造$Rt\triangle$,用$Rt\triangle$的性质(直角三角形斜边的中线等于斜边一半),有相等的边则对应相等的角,从而得出等分角,找角之间的等量关系变成了可操作的现实。此乃情理之中。

分析与思考4:以格点B为直角顶点,格线为直角边构造$Rt\triangle$,使这个$Rt\triangle$的斜边能与$AB=2.5cm$联系越紧越好—从点A出发画直线,使与$Rt\triangle$两边网格线相交的线段长等于5则大功告成。

分析与思考5：数学常识告诉我们，复杂一点的问题都可用分析法，先设想，后验证。遵循分析法基本思想，“执果索因”。假设问题已经解决，即$\angle\alpha=\frac{1}{3}\angle BAM$，又$\angle\alpha=\angle DAM=\angle BDA$，问题转化成如何证$2\angle BDA=\angle BAD$。在$Rt\triangle BCD$中，取$CD$中点$P$，连$BP$，则$\angle BPA=2\angle BDA$。余下的问题就是如何保证$BA=BP=2.5cm$。则只需确保$CD=5cm$，如此显然顺理成章。用分析法“倒过来思考”大部分初中生理应力所能及。

二、反思与感悟

反思与感悟1：部分同学看了答案仍不知所云。实际上前边的分析与思考已水到渠成。

解法证明如下：

取CD的中点P，连BP。$Rt\triangle CBD$中，$PB=\frac{1}{2}CD=2.5cm$。

$\because AB=2.5cm\ \therefore AB=PB,\ \angle BAP=\angle BPA\cdots$①

$\because BD\parallel AM\ \therefore\angle MAD=\angle ADB=\alpha\cdots$②

$\because PD=PB\ \therefore\angle PBD=\angle PDB=\alpha\ \therefore\angle BPA=2\alpha=\angle BAP\cdots$③

对照②、③知$\angle MAD=\frac{1}{3}\angle MAB$，完成了三等分角。

反思与感悟2：教材中有丰富的二等分角，附加了条件可以三等分角的素材，为什么见了此题学生仍会很生疏，甚至是意料之外？从教与学两个方面都值得深思。这么好的诱发思考、促进创新的教育素材为什么没好好利用？数学中到处有创新素材，关键是你有没有创新意识，肯不肯坚持不懈地做“数学思考”，能不能从诱导发现，促进创新意识的视角去挖掘、去妙用。

反思与感悟3：有探究精神的同学，作“合乎逻辑的思考”，必然会能想到如上的证明是不完整的，若三等分直角、三等分钝角该如何证明？平角呢？这些留给读者去探索，相信有了上边的基础，一定能举一反三，迎刃而解。

反思与感悟4：同学，你学习刻苦吗？你有创新精神吗？答：刻苦的学生肯于比别人多思考一步；一个人超越自我就是（对个人而言）创新，不满足现成结论，敢于求异，就是创新的开始；创新是高素质的现代人的一种极其宝贵的精神和品质。

对于教师而言，在教学中奉献给学生的不能仅仅是“模仿、应试”。我们要创设好的情境，精心选用启迪心智的素材，给学生带来智慧，使学生充分享受数学美的无限风光。这就要求教师必须更新数学教学观。

在师生共生共长课堂的建设中，我们要坚持正确方向，树立科学教育评价导向。在教学中充分利用课堂主阵地，结合课本加强数学应用的实践活动，科学适度的设置开放性问题，增强师生、生生合作交流，发展学生核心素养，增强学生综合素质，促进学生全面而有个性的发展。

第三节

构建师生共生共长课堂的实施成效

进入新时代，人民群众的需求正在由“有学上”向“上好学”转变，亟须深化教育教学改革，进一步提高教育质量，促进学生全面发展、健康成长，努力办好人民满意的教育。师生共生共长课堂有利于学生个人素养的提升，有助于培养奋斗精神、增强综合素质，坚持全面发展，完善人格、开发人力、培育人才，为学生终身发展奠基。在教学实际中，基于以上教育目标，我不断尝试摸索合适的教学方式，探索有益的共生共长实现方式，并已经做出了有效实践，本节将详细介绍该课堂模式的实施成效。

新课改的教育理念要求教育要充分体现学生在学习过程中的主体地位，认为学生的数学学习活动不应只限于接受、记忆、模仿和练习，高中数学课程还应倡导自主探索、动手实践、合作交流、阅读自学等学习数学的方式。这些方式有助于发挥学生学习的主动性，使学生的学习过程成为在教师引导下的“再创造”过程。这就要求教师的角色应该是学习情境的创设者、学习任务的设计者、学习资源的提供者、学习活动的组织者和学习方法的指导者，教师也应积极探索实践适应新课改要求和有利于学生发展的新的课堂教学模式和教学法。

基于这样的教育目标，我在日常教学中不断地尝试探索适合的教学方法，从最开始的加强课堂学生活动设计，增加学生之间、师生之间的合作交流，到利用信息技术整合加大学生在数学课上的动手实践。每种教法在开始实施的时候会对激发学生主动参与学习起到一定的作用，但是随着时间推移，学生对教师所创设出的教学情境又渐渐的变为了被动的接受，学习的主动性也在下降。

出现了新的问题，我开始思考如何能在教学中更好的调动学生的主体参与意识，在这个时候我发现，课堂上当学生出现疲惫和倦怠时，教师适时地提出一些有针对性的问题，可以吸引学生的注意力，如果问题设置得有层次、有目的，还可以激发学生的学习兴趣，提高学习效率。由此我在教学中开始实践问题情境教学法。在一次网络课教学设计时，我没有按照以往的方法在课堂中只是着眼于加强学生的讨论交流，而是采用首先给学生布置了本节课学习探究的“目标问题”，让学生紧紧围绕一个共同的问题为中心进行探究，在强烈的问题情境的驱动下，激发学生积极主动的进行自主探究和互动协作的学习。这种教学方法是针对学生主动性下降的问题，教师在教学中根据教学情境，教学内容，能力培养设置适当的、分层推进的问题，用问题情境任务驱动，激发学生主动探究，在自主学习探索中学习知识，提升能力。

建构主义学习理论认为，学习过程不是学习者被动地接受知识，而是积极地建构知识的过程。由于建构主义学习活动是以学习者为中心，而且是真实的，因而学习者就更具有兴趣和动机，能够鼓励学习者进行批判型思维，能够更易于提供个体的学习风格。因此，建构主义观点中教师的作用：一是学生学习的主导者、帮助者、组织者。教师应当充分发挥“导向”的重要作用，发挥教学组织者的作用，努力调动学生的积极性，帮助他们发现问题，进行“问题解决”。二是学生学习问题的发现者。要高度重视对学生错误的诊断与纠正，并抱有正确的态度。三是交互学习的实施者。教师是学生与教育方针及知识的桥梁，要把最新的方法知识提供给学生，要注意他们的全面素质提高，在学习中还要注意引导学生师生间、生生间合作式、交互式学习，最大限度地激发学生主体参与主动学习的意识。

同时，建构主义的学习观认为学生学习具有情景性，建构主义认为学习发生于真实的学习任务中。不仅是因为真实的学习任务有利于激发学习者的学习主动性，而且是因为客观活动是个体建构知识的源泉。一方面表现在学习者理解、建构知识受到特定学习情景的影响，个人的认知结构是在社会交互作用，并与其自身的经验背景相互作用，从而逐步形成与完善起来的。另一方面表现在知识在各种情况下应用不是简单套用，需要针对具体情境的特殊性对知识进行再创造。

问题情境教学法正是符合了建构主义的教育理念，布鲁纳的问题教学法（也称为发现法）也主张创设问题情境，他认为“学习者在一定的问题情境中，经历对学习材料的亲身体验和发展过程，才是学习者最有价值的东西”。教师利用科学设置的问题，激发学生学习的兴趣，主导学生学习的方向，帮助、组织学生解决问题，获得知识，在这一过程中，教师引导学生自主探究，小组合作，师生间、生生间交互学习。

实践证明问题情境式教学方法使学生在有着真实的问题情境的探索中学习，在学习过程中，通过解决问题完成任务，学生就会不断地获得成就感，可以更大地激发他们的求知欲望，逐步形成一个感知心智活动的良性循环，从而培养出独立探索、勇于开拓进取的自学能力，符合建构主义学习理论所倡导的学习不是被动接受已定知识，而是学习者主动在内部建构知识意义的过程。

在问题情境教学法实施上基本可以分为以下步骤：确定中心—设置问题—引导探究—解决问题—获得知识—提高能力。

一、问题情境教学法实施的课例

高中数学课程一般可分为数学知识新授课、数学解题方法习题课和数学章节复习课，实践表明在高中数学课堂教学中可以广泛的使用“问题情境”教学方法。

例如，在《函数单调性》一节的教学中，由于函数单调性是学生在高中学习函数概念后接触的第一个函数性质，是函数部分重要的概念学习，在初中阶段，学生已经初步了解了正比例函数、一元一次函数、反比例函数、一元二次函数的图像和解析式，从直观上对函数的单调性有所了解，所以在本节教学时，我没有直接提出单调性定义，而是从直观认知出发，设置了适合学生小组合作探究的问题串。问题1：请同学们自己在笔记本上画出初中学过的一元一次函数、反比例函数、一元二次函数图像，并根据绘制的图像描述函数值y随着x的变化是增大还是减小？问题2：你能否找出在日常生活中哪些函数关系具有上述特征？问题3：观察教科书上一般函数图像，用刚得出的结论描述这个函数图像显示的增减特征。问题4：小组合作试着抽象出函数单调性的定义。

这样在开始上课就给学生设置了问题情境，以问题研究充分调动学生的积极性；接下来指导学生自己绘制准确的函数图像，并利用自己绘制的图像小组合作解决教师布置的学习问题，教师参与其中，与学生进行合作学习，充分发挥学生主动学习的意识和发散思维。在学生研究图像解决问题的过程中，经历从直观图形语言到数学自然语言，进一步使用符号语言来表述函数单调性的过程，使学生更充分的体会函数思想和学习研究函数的一般方法，让学生在主体参与的过程中学到了知识，发展了学生的数学抽象素养。

又如，在数学解题方法习题课的教学中，学生往往更多的只是关注习题解答的结果，而不能学会解决问题的数学思想和基本方法，教师在授课时即使反复强调仍然收效甚微。我在习题课的设计上，首先也会给学生设置问题情境，提出了三个问题，即“这是什么类型的习题，题干信息中有什么特点”“这种习题用什么方法求解，这种解法怎么操作”“这种解法在操作时需要注意什么问题”。

这样，要求学生在情境中带着这三个问题听课，在每一道习题解答的过程中找出问题答案。这样就使学生在问题探究的情境中，自然地形成解决问题的办法，总结出数学解题所需要的数学思想和数学方法，并由此教会学生在以后的习题课学习中学会自己设置问题，真正掌握习题解决的方法，教学效果明显。

二、对数函数及其性质教学设计

（一）指导思想

新课改理念下应以学生为主体，教师为主导的课堂教学模式。让学生充分参与到知识的探求中来，在经历探索的过程中感受、发现，激发兴趣，培养能力。

（二）教材分析

函数是高中数学的主线，本章知识是在第一章学习了用集合、映射的思想理解函数的一般定义，加深对函数概念的理解，学习了研究函数的一般方法的基础上，研究学习指数函数、对数函数和幂函数三个基本初等函数，形成系统的函数知识。本节内容是在学生已经学过指数函数和对数运算的基础上，在高中学习的第二个初等函数。在学习上根据《普通高中数学课程标准》要求，学习掌握对数函数的定义，类比指数函数探求对数函数的图像和性质，进一步落实研究函数的一般方法，能够运用图像和性质解决简单的实际问题。

（三）教学目标

掌握对数函数的概念；类比指数函数探究对数函数的图像和性质；进一步落实研究函数的一般方法；并学习运用对数函数性质解决简单问题。

通过学生自主探究新知，培养学生动手能力、观察能力、分析总结问题能力和探索研究的学习意识；通过与指数函数比较学习，培养学生全面看问题能力、类比学习和自主学习的能力。

通过让学生自己抽象对数函数定义，探究对数函数图像性质，培养学生勇于战胜困难，积极探索的精神；感受函数图像精确和对称的数学美，激发学生学习数学的兴趣。

（四）教学重难点

重点：本节课的重点是在理解对数函数定义的基础上，掌握对数函数的图像和性质，并会用性质解决简单问题。

难点：指导学生自主学习，探求对数函数的图像性质。

（五）学生分析和教法的选择

作为高一年级学生，刚刚接触研究函数的一般方法，形象思维占有主导地位的情况下，在教法上，采取以"问题情境"教学法：由教师提出问题，激发学生的学习兴趣，利用学案，将重难点以问题形式给出，激发学生亲自动手动脑进行自主探究，教师作为学生学习的帮助者、指导者，师生间、生生间合作学习，充分体现学生主动参与学习的主体地位。

（六）学法指导

探索发现式学习：教师引导学生利用自己绘制的图像，探求对数函数的基本性质，落实研究函数的一般方法。

类比学习：引导学生类比指数函数，加深理解和掌握对数函数的图像和性质。

（七）现代化教育技术的应用

基于本节课的教学目标和学生认知特点，将现代化教育技术更好地与课堂教学整合，我在创设情境上采用PPT强大的信息功能和良好的演示效果制作课件；在教学的难点突破上，我采取由学生进行自主探究，利用"几何画板"

准确的绘图功能，由学生主体参与，自主探求，教师指导、协助，充分调动学生的积极性，符合学生的认知规律。

（八）教学过程

1.创设问题情境实例引入

运用前一节解决的实际问题引导学生自己抽象出对数函数定义，让学生感受到对数函数来源于实际，培养学生自主学习的意识。

实际问题：生物机体内碳14的“半衰期”为5730年，湖南长沙马王堆汉墓女尸出土时碳14的残余量约占原始含量的76.7%，试推算马王堆古墓的年代？

问题解答：$t=log_{5730}\sqrt{\frac{1}{2}}p$ 教师引领学生从实际应用题解答的过程中抽象出对数函数定义。

问题设置：解析式中底a的取值范围是什么？对数函数中自变量是什么？定义域呢？

2.新课讲授

（1）对数函数的定义学习：根据学生自己抽象出的结论，教师给出严格定义，并强调定义域和参数a的范围。一般地，我们把函数________叫作对数函数；其中________是自变量，函数的定义域是________。

（2）对数函数的图像性质学习：作为本节课的重难点，在教学设计上采用由教师设置三组自主探究问题，引领学生通过自己绘制对数函数的图像，观察、类比、归纳出图像特征，进而得出函数性质，教师作为学生学习的帮助者、指导者，充分体现学生作为学习的主体。

自主探究：

问题提出：利用计算器完成下表。

x	0.5	1	2	4	6	8	12	16
log_2x								

请根据上表中的数据绘制出对数函数$y=log_2x$的图像。

自主探究：

问题提出：研究讨论如何运用已学过的知识得到$y=log_{\frac{1}{2}}x$的图像？

方法一：________________________________；

方法二：________________________________；原理：________________。

请你在上面同一坐标系中，画出$y=log_{\frac{1}{2}}x$的图像。体会两个图像之间的相同点和不同点。

自主探究：

问题提出：利用计算机绘制出$y=log_ax(a>0$且$a\neq1)$的图像，拖动鼠标，任意改变底a的大小，观察底a的变化对对数函数图像的影响，小组讨论交流，类比指数函数，尝试完成下表。

图像特征
这些图像都位于____________轴____________方
这些图像都经过(　　　　　)点

图像可以分为两类：当$a>1$时函数图像在区间$(0,1)$内纵坐标都____0，在区间$(1,+\infty)$内的纵坐标都____0 当$0<a<1$时函数图像在区间$(0,1)$内纵坐标都____0，在区间$(1,+\infty)$内的纵坐标都____0
自左向右看，$a>1$时图像________；$0<a<1$时图像________

性质小结：师生共同完成下表。

	$0<a<1$	$a>1$
图　像		
定义域		
值　域		
性　质		

（3）例题讲解：本环节共设置两组例题，第一组是探求函数定义域，目的在于进一步巩固落实对数函数的定义。第二组是比大小，目的是学会运用对数函数的单调性和定值等性质解决简单问题。在每组问题解决后，教师引领学生提炼方法，形成系统的数学认知。

例题：求下列函数的定义域。

$y=log_a x^2$　　$y=log_a(4-x)$　　$y=\sqrt{log_{\frac{1}{2}}(4x-3)}$

方法提炼：____。

本题设置三个小题，第一二个小题考虑学生实际情况，采用学生自己解决，教师订正的方法。第三个小题由于涉及复合函数定义域问题，采用由教师引导学生分析解决，教师板书，归纳方法。

例题：比较下列各组数中两个值的大小。

$log_2 3.4$ 和 $log_2 8.5$；　　$log_{0.3} 1.8$ 和 $log_{0.3} 2.7$；

$log_2 6.5$ 和 $log_{0.5} 6.5$；　　$log_7 6$ 和 $log_6 7$；

$log_a 5.1$ 和 $log_a 5.9$（$a>0$ 且 $a\neq 1$）。

方法提炼：______________________________。

本题设置5个小题，第1、2个小题是同底对数比大小，根据学生情况采取由学生自己独立完成，教师订正的办法。第3、4小题需要找参照物借助图像，采取由教师带领学生分析解决的办法。第5小题涉及分类讨论，由教师和学生一起分析，教师板演的办法。

（4）练习反馈：本环节设置两个题目，分别检验学生对对数函数定义和图像性质的落实，根据学生的学习情况，采用由学生自己独立完成，独立订正的方法，教师作为帮助者指导者。

（5）课堂小结：采用由教师设置问题引导学生自己小结的办法，复习本节重难点。

（6）拓展延伸：如何利用图像比较 $log_2 3$ 和 $log_3 4$ 的大小？列表比较指数函数和对数函数的图像性质，并根据图像观察思考同底的指对函数有什么关系？

本环节仍采用设置问题情境的教法，为了启发学生进一步加深对数函数图像性质的探索研究，并能够在学完了对数函数之后，和指数函数对应比较，体会两个函数间的区别和联系，形成系统的函数知识。

(7)布置作业:书后习题A,B组,体现分层教学。

综观本节课的教学设计,最大的特点是“问题情境式”教学方法:由于函数知识内容抽象,学生的配合和课堂气氛的营造上本来预想会有一些沉闷,但是因为采用了以学生为中心的教学方法,由教师提出问题,激发了学生的学习兴趣,使得教学中师生合作十分流畅,课堂气氛活跃。在本节课的学法上运用了学案这一手段,一改以往课堂上学生只是被动机械的记笔记的状况,而是由学生亲自动手动脑进行自主探究,教师作为学生学习的帮助者、指导者,师生间、生生间合作学习,充分体现学生主动参与学习的主体地位,教学的效果较好。

第四节 构建师生共生共长课堂的未来规划

为贯彻习近平同志在全国教育大会上提出的构建德智体美劳全面培养教育体系的重要指示，在构建师生共生共长课堂的未来规划中我们要坚持全面发展素质教育，提高课堂教学质量，多角度深化教育变革。一是突出德育实效，深化课程育人、文化育人、实践育人；二是提升智育水平，着力培养学生认知能力，促进思维发展，激发创新意识，加强科学教育和实验教学，坚持知行合一、相互学习，确保学生达到国家规定的学业质量标准。以下从具体教学方式方面提出相关建议。

一、基于问题探究的互动学习

《普通高中数学课程标准》明确了在教学活动中，要全面落实立德树人根本任务，树立以发展学生数学学科核心素养为导向的教学意识，要将数学学科核心素养的培养贯穿于教学活动的全过程。教师不仅要重视教，更要重视学生学，要引导学生学会学习，要注重“创设合适的问题情境、提出合适的数学问题，引发学生思考和交流”。教师要注重设计把握数学学科本质的基于学科素养的教学活动，“引导学生理解基础知识、掌握基本技能、感悟数学基本思想、积累数学基本活动经验”，从而促进学生数学学科核心素养在师生问题探究的互动中得到提升。

例如，在进行《平面向量运算》的单元教学设计上，考虑到平面向量的物理背景，在导入环节上创设物理问题情境，引进向量运算。

探究问题1：某质点M从点A经过点B到点C，请同学们思考这个质点的位移如何表示？

在此问题引导下，学生回忆位移的合成相关知识，运用矢量合成的物理知识找到从A直接到C的位移，教师由此启发学生，联想到向量的加法运算，引出本节内容。

进而，教师提出探究问题2：在物理中，作用在同一点上的两个不共线力的合成如何解决？学生自己做出作用于同一起点的两个力，独立思考、动手操作，做出力的合成。

在完成了两个具体物理问题后，教师引导学生观察、思考两种矢量合成的解决办法，提出探究问题3：请同学们小组合作、交流总结由位移和力的合成，可以如何进行两个向量的加法运算？学生组内研讨交流，自己总结出向量加法的三角形和平行四边形法则，完成新知学习。

这样在开始上课时就给学生设置了探究问题，以问题探究充分调动学生的积极性；接下来指导学生自己独立思考、动手操作解决教师布置的探究问题；教师参与其中，与学生进行合作学习，充分发挥学生自主探究的学习意识和独立思维。学生在解决问题的探究过程中有效地领悟数学思想，激发思维活动。这样教师在课堂上“讲”的内容，已被由学生积极参与的数学活动所代替。学生的“听讲”和

“记笔记”的学习方式更多地变为观察、实验和主动地思考探求。充分调动了学生的学习主动性，学习效果事半功倍。

二、基于主体探究的差异教学

在我们现有的行政班级授课制下，大多数教师在设计教学过程时，往往只是用课上练习和课后作业的习题分层来体现因材施教，然而教师应更多关注学生的个体差异，促进每一个学生的全面发展，这就需要教师在课堂教学中创新教学方法。

华国栋教授认为“差异教学是指在班集体教学中立足学生差异，满足学生个别的需要，以促进学生在原有基础上得到充分发展的教学。”差异教学是“以学生为中心”“教如何更好地为学服务”差异教学既看到学生的共性也看到学生的差异，立足于有差异的群体，提高所有受教育者的素质，培养既全面发展又具有个性的人才。

教师实施差异教学既要立足于学生的差异，又不能消极适应学生差异，要在教学中根据不同层次学生的“最近发展区”创设任务或进行问题引导让学生主动探究，每个学生通过自主探究达成学习目标，让每个学生的潜能都在原有的基础上得到充分发展。

例如，在数学解题方法习题课的教学中，数学基础较差的学生往往只是更多地关注习题解答的结果，而不能学会解决问题的数学思想和基本方法，教师在授课时即使反复强调仍然收效甚微。所以在习题课的设计上，我首先会给学生设置问题情境，提出了三个问题：“这是什么类型的习题，题干信息中有什么特点?”“这种习题用什么方法求解,这种解法怎么操作?”“这种解法在操作时需要注意什么问题?”这样,引导学生在情境中带着这三个问题探究习题解答的方法,从而使学生在问题探究的情境中,自然而然地形成解决问题的办法,总结出数学解题所需要的数学思想和数学方法,并由此教会学生在以后的习题课学习中学会自己设置问题,真正掌握习题解决的方法,教学效果明显。

三、基于信息技术创设探究情境,激发学生兴趣,提高课堂效率

新课程提倡通过信息技术与学科课程的融合,逐步实现教学内容的呈现方式、学生学习方式和教学过程中师生互动方式的变革。在互联网+的时代,信息技术进入课堂已经成为革新教学模式的必要方式。以发展学生学科核心素养为导向,创设合适的教学情境,启发学生思考,引导学生把握数学内容的本质,是新课程的基本理念之一。注重信息技术与数学课程的深度融合,发挥信息技术直观便捷,资源丰富的优势,提高教学的实效性,是理念付诸实践的必要途径。互联网+的时代,信息技术的爆炸式发展为高中数学带来了更多易操作、便于直观演示、实用性强的教学软件。特别是很多软件既有课堂上教师演示操作的计算机版,又有可供学生自主学习互动交流的IPAD版和手机版,为我们提高教学活动的实效性,在教学活动中发展提升学生数的学科核心素养增添强大的动力。

例如,在进入《解析几何》中圆锥曲线部分授课内容时,以往教师只是利用已有的课件进行图形演示,学生在课堂上只能被动地观察,未能动手操作,不利于学生定义的掌握。而在信息技术发展的今天,我带领成员利用GeoGebra

软件进行教学，由于GeoGebra课件的制作、操作都十分便捷，教师可以直接在课堂上引导学生在IPAD或者手机上同步制作课件、同步操作课件，让学生感受数学知识的直观呈现，尤其是在GeoGebra平台上，学生还可以在操作过程中感受几何图形与其代数特征的内在联系，自主探究曲线形状、性质，同步感受数与形的完美结合，再由学生代表展示，教师引导学生总结抽象，进而内化生成抛物线的定义，提升学生自主探究、合作交流的能力和直观想象、数学抽象的核心素养。

四、基于网络资源的互动探究学习让师生在学习中共同成长

互联网的发展为延伸课堂提供了平台，以慕课和微课为例，教师通过短视频对知识点进行讲解，学生们在网络平台上学习并完成学习任务。这样超出传统教学范围的教学手法，可以实现“课堂翻转”，在网络平台中学生和教师实现积极互动和探究，与新课程改革不谋而合。

尤其是在疫情之下，正常时期稳定有序的线下教学活动受到阻碍而难以开展，在线教学迅速成为一种替代方案。课题组老师们快速熟悉相关教学软件，探讨师生线上教学情况中存在的问题，分析影响教学效果的因素，依托和平教育信息化平台研究确定了线上教学支持服务的策略。

应利用信息技术优化教学设计，利用多媒体技术，制作形式多样的课件，力争做到图文并茂、声像并举、形象直观；同时统筹资源平台，整合教学资源，为学生提供丰富多彩的数学活动素材，如微课，直播课堂等对教学内容进行分层展示。

多种教学服务相互支持，改变以往单纯地将信息技术作为“教”的手段，真正发挥网络教学的作用，加强师生间、生生间线上互动，让学生结合自身实际利用好资源，成为学习的主体，主动参与、积极参与；在“停课不停学”期间充分发挥家校共管作用，合力提升线上教学效果；注重探索线上教学与线下教学的区别，时时关注学生学习状态，重视教学评价反馈。

教育信息化支撑引领教育现代化发展，必须坚持信息技术与教育教学深度融合的核心理念，而推动融合的主体是教师。2018年1月，《中共中央国务院关于全面深化新时代教师队伍建设改革的意见》要求“教师主动适应信息化、人工智能等新技术变革，积极有效开展教育教学”。在未来，各位教师也应该加强信息素养的培育，提高自己的现代化教学能力，为师生共生共长课堂提供有益条件。此外，在未来数学教育中，教师也要进一步加强反思，用现代教育理论总结经验，形成规律，提高策略的效度。

参考文献

[1]吴春燕.新课改背景下数学教学观的更新[J].天津师范大学学报(基础教育版),2013,14(03):37-40.

[2]吴春燕.运用教育心理学原理培养学生的良好道德品质[J].天津教育,2014(10):29.

[3]吴春燕.格物致知,诚意正心,修身明德——自主管理内涵发展探索[J].天津市教科院学报2016增刊.

[4]张晓贵著.数学教学社会学[M].合肥:中国科学技术大学出版社,2017.11.

[5]中华人民共和国教育部.普通高中:数学课程标准(实验)[M].北京:人民教育出版社,2010.

[6]中华人民共和国教育部制定.义务教育数学课程标准2011年版[M].北京:北京师范大学出版社,2012.01.

[7]中华人民共和国教育部制定.普通高中数学课程标准2017年版[M].北京:人民教育出版社,2018.01.

[8]饶跃华,王青喜.打破平衡共生共长——生态视角下的课堂观[J].教育教学论坛,2010(20):45-46.

[9]许东慧.基于网络环境下的新型师生关系的构建——创建师生共存、共生、共长、共乐的互动平台[C]//国家教师科研专项基金科研成果集,2014:260-277.

[10]谢键,陈文略.数学课堂有效教学互动的策略[J]科教导刊,2015(11):119-120.

[11]核心素养研究课题组.中国学生发展核心素养[J].中国教育学刊,2016(10):1-3.

[12]刘东风著.教育这些事[M].深圳:海天出版社,2009.09.

[13]罗明东,解继丽.从"教学相长"到"教研相长"——当代中小学教师角色观发展的一个新方向[J].云南师范大学学报(哲学社会科学版),1998(04):43-47.

[14]李保强,薄存旭."教学相长"本义复归及其教师专业发展价值[J].教育研究,2012,33(06):129-135.

[15]罗竹风.汉语大词典:1至12册[M].上海:汉语大词典出版社,1990.

[16]辞海编辑委员会编.辞海1979年版[M].上海:上海辞书出版社,1980.08.

[17]王焕勋.实用教育大词典[Ml.北京:北京师范大学出版社,1995.01.

[18]中国社会科学院语言研究所词典编辑室编.现代汉语词典第7版[M].北京:商务印书馆,2016.09.

[19]邓小平文选第二卷[M].北京:人民出版社,1994.10.

[20](元)陈澔注,金晓东校点.礼记[M].上海:上海古籍出版社,2016.11.

[21]顾明远.教育大辞典增订合编本[M].上海:上海教育出版社,1998. 08.

[22]李玉环.教学相长的师生关系构建[J].湘潭师范学院学报(社会科学版), 2009,31(01):137–139.

[23]赵明玉.师生关系嬗变中的教学相长[J].沈阳师范大学学报(社会科学版),2010,34(01):120–123.

[24]洪飞.构建师生共生长的智慧课堂[M].北京:中国言实出版社,2018. 01.

[25]李雅玲.建构主义学习理论与教师角色定位[J].中国成人教育,2009(16): 116–117.

[26]李文高.教学设计的新领域信息化教学设计[M].昆明:云南大学出版社, 2013.12.

[27]任洁敏.建构主义学习理论下——多媒体教学环境中教师角色的定位[J].课程教育研究,2018(33):193–194.

[28]路海东,倪牟双主编.现代学习理论与学习心理分析[M].天津:天津教育出版社,2017.09.

[29]黄翔.数学课程标准中的十个核心概念[J].数学教育学报,2012,21(04): 16–19.

[30]朱黎生.《义务教育数学课程标准(2011年版)》修订了什么[J].数学教育学报,2012,21(03):7–10.

[31]刘勋著.高中数学解题思路23讲[M].天津:天津教育出版社,2006.09.

[32]郑桂芳.合作学习的功能及其在课堂教学中的应用[J].消费导刊,

2010, (7):32–32.

[33] 马克思恩格斯选集(第1卷)[M]. 人民出版社,1995:56.

[34] 章家谊.共生视域下课堂教与学的关系重建[J].教育理论与实践,2020,40 (19):59–62.

[35] 陈奕甫."共生写作教学" 在初中语文中的应用研究[D].江苏大学,2020.

[36] 周冰.黄厚江"语文共生教学"研究[D].聊城大学,2019.

[37] 严婷婷.语文共生教学在中职课堂中的尝试与反思——以《劝学》阅读教学为例[J].现代职业教育,2017(26):96–97.

[38] 尹继东.共生共享共长——共生型课堂中师生关系的重新定位[J].中学语文教学参考,2015(31):7–10.

[39] 吕世虎,吴振英.数学核心素养的内涵及其体系构建[J].课程.教材.教法,2017,37(09):12–17.

[40] 孔凡哲,史宁中.中国学生发展的数学核心素养概念界定及养成途径[J].教育科学研究,2017(06):5-11.

[41] 喻平.数学核心素养评价的一个框架[J].数学教育学报,2017,26(02):19–23+59.

[42] 常磊,鲍建生.情境视角下的数学核心素养[J].数学教育学报,2017,26(02):24–28.

[43] 史宁中,林玉慈,陶剑,郭民.关于高中数学教育中的数学核心素养——史宁中教授访谈之七[J].课程.教材.教法,2017,37(04):8–14.

[44]史宁中.学科核心素养的培养与教学——以数学学科核心素养的培养为例[J].中小学管理,2017(01):35–37.

[45]喻平.数学学科核心素养要素析取的实证研究[J].数学教育学报,2016, 25(06):1–6.

[46]蔡金法,徐斌艳.也论数学核心素养及其构建[J].全球教育展望,2016, 45(11):3–12.

[47]徐国明.小学数学核心素养培养的思考与实践[J].中小学教师培训,2016 (07):42–45.

[48]郑毓信.数学教育视角下的"核心素养"[J].数学教育学报,2016,25(03): 1–5.

[49]朱立明.基于深化课程改革的数学核心素养体系构建[J].中国教育学刊, 2016(05):76-80.

[50]李星云.论小学数学核心素养的构建——基于PISA2012的视角[J].课程.教材.教法,2016,36(05):72–78.

[51]李星云.基于数学核心素养的小学数学教师课程体系建构[J].教育理论与实践,2016,36(11):45–48.

[52]尹继东.共生 共享 共长——"共生型课堂"中师生关系的重新定位[J].中学语文教学参考,2015(31):7–10.

[53]马云鹏.关于数学核心素养的几个问题[J].课程.教材.教法,2015,35 (09):36–39.

[54]洪燕君,周九诗,王尚志,鲍建生.《普通高中数学课程标准(修订稿)》

的意见征询——访谈张奠宙先生[J].数学教育学报,2015,24(03):35-39.

[55]马云鹏.小学数学核心素养的内涵与价值[J].小学数学教育,2015(09):3-5.

[56]何小亚.学生"数学素养"指标的理论分析[J].数学教育学报,2015,24(01):13-20.

[57]刘景标.探寻小学数学生活化教学的途径和策略[J].科教文汇(下旬刊),2012(12):104-105.

[58]王子兴.论数学素养[J].数学通报,2002(01):6-9.

[59]龙宝新.教学共生体中的师生关系内涵与重建[J].河南师范大学学报(哲学社会科学版),2016,43(05):183-188.

[60]刘继萍."教师主导 学生主体":一个经典公式正当性的论证[J].北京师范大学学报(社会科学版),2015(04):25-33.

[61]白红美.高中数学教师学科素养现状调查[D].内蒙古师范大学,2014.

[62]核心素养研究课题组.中国学生发展核心素养[J].中国教育学刊,2016(10):1-3.

[63]张玉株,陈滔娜.陶行知师生观初探[J].教育探索,2016(02):1-3.

[64]中共中央国务院关于全面深化新时代教师队伍建设改革的意见[N].人民日报,2018-02-01(001).

后 记

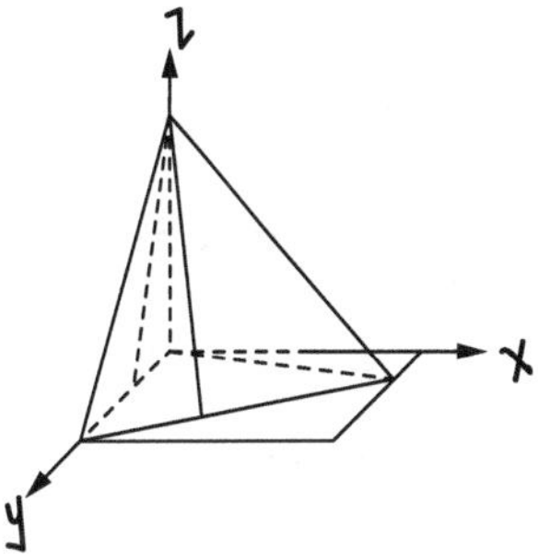

从计划编写这本书至最终定稿，历经数月辛苦，其间有推敲结构时的犹豫徘徊，有灵感迸发时的喜不自胜，有破解难题时的欣慰满足……

本书记载了笔者在教学生涯中的思考、感悟、体会与经验。三十余年来，笔者始终把“师德的表率，育人的模范，教学的专家”作为自己努力的方向，在教学中探索以学生为主体的问题情境教学法，在课堂上注重创设激励性、研究性、创造性的教学情境，立足培养学生的自主学习能力，要求自己时刻以饱满的激情投入教学，以师生互动、以学促教为目标，用实践证明师生共生共长课堂理念的正确性，用自己的行动探索共生共长课堂未来的方向。

在新课改的背景下，“教学相长”这一古老的教学原则又有了新的含义。要在数学课堂中做到教学相长，首先要让学生能够较为深入地理解数学概念，然后才能逐步掌握数学方法、拥有数学思维，从而在学习中与老师碰撞出知识的火花。这些成果的最终取得，离不开笔者在日常教学实践中为提高教学质量所做出的点滴努力，对平时教育教学素材的收集与保留，以及心中“精诚所至，金石为开”的坚定信念。

数学是研究数量、结构、变化、空间以及信息等概念的一门学科，在人类历史发展和社会生活中，数学的不可替代性无须多言。数学有助于培养对理性思维和创造性思维，每一个现代人都需要接受数学教育，在基础教育中，数学对学生的重要性也是不容轻视的。纵观《让数学的生命绽放——构建师生共生共长的课堂》一书，皆是顺应时代发展潮流，从实践中总结出的珍贵教育经验。凡是过往，皆为序章。书中成果是为以后的教育教学工作留下可供研究的范本，探索的步履将永不止息。

终于，在各级领导和专家的支持帮助下，本书即将付梓。这不光是我一个人得出的经验成果，它离不开天津市第二十一中学这片沃土，所谓“乘众人之智，则无不任也”，众人拾柴火焰高，群心荟萃定辉煌，在“求真、求实、求异、求新”的共同信念下，同事朋友们给予了许多帮助，感谢各级领导搭建宝贵的学习平台。

回望对高中数学课堂教学的思考、研究与实践历程，光阴易逝，时不我待。多年经验加以整理总结编成此书，只希望能为广大高中数学教师提供教学上的参考与帮助，为天津教育的发展尽一份绵薄之力。

鉴于笔者认识水平和编写水平的局限，书里可能存在一些错误与疏漏，恳请大家不吝赐教，以待今后修正完善。

吴春燕

2022年3月